AF389907

COURS

DE

TOPOGRAPHIE

PETITE BIBLIOTHÈQUE DE L'ARMÉE FRANÇAISE

COURS DE TOPOGRAPHIE

A L'USAGE

Des Officiers & Sous-Officiers de toutes armes

(ARMÉE ACTIVE, RÉSERVE, ARMÉE TERRITORIALE)

OUVRAGE RÉDIGÉ

CONFORMÉMENT AUX PROGRAMMES OFFICIELS DU 30 SEPTEMBRE 1874

PAR

A. LAPLAICHE

Commissaire de surveillance administrative des chemins de fer,
Attaché au contrôle de l'exploitation du Réseau de l'Est,
Officier de l'Ordre Royal de la Couronne de Roumanie,
Professeur de la Société de Topographie de France,
Et de la Société nationale de Topographie pratique,
Membre de la Société française de Physique, etc.,
Ancien professeur de l'Université.

TOME PREMIER

Quatrième édition.

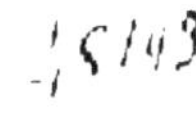

PARIS & LIMOGES

IMPRIMERIE & PAPETERIE MILITAIRES

Henri CHARLES-LAVAUZELLE

Libraire-Éditeur.

PRÉFACE

En 1871, au lendemain de nos désastres, d'un bout de la France à l'autre, on répétait à tout propos que la véritable cause de toutes nos infortunes était notre ignorance profonde en géographie : « Chez
» nos ennemis, disait-on, les parents sont
» contraints de faire donner à leurs en-
» fants une instruction primaire relati-
» vement solide, et quand les jeunes
» gens arrivent sous les drapeaux, non
» seulement ils savent lire, écrire, comp-
» ter, mais encore ils sont en état de lire
» couramment les cartes qui sont mises
» entre leurs mains, ce qui leur assure
» une immense supériorité sur le soldat
» français. De sorte, concluait-on, que
» notre véritable vainqueur, c'est le maî-
» tre d'école allemand ! »

Assurément, cette manière d'envisager les choses était empreinte d'exagération, et il est permis de croire que, si nous avions eu un plus grand nombre de soldats à opposer à nos envahisseurs, les événements eussent pris une tout autre tournure. Quoi qu'il en soit, il faut bien admettre que la connaissance du terrain sur lequel on va opérer est un élément de succès qui a bien son importance, et, s'il est vrai qu' « un homme averti en vaut deux », on peut, dans une certaine mesure, affirmer que l'on aura doublé les forces d'une nation, le jour où l'on aura vulgarisé dans son armée les connaissances géographiques et topographiques qui lui permettront de se diriger en pays inconnu avec autant d'assurance que dans une région qui lui serait familière.

C'est de cet élément de succès que quelques hommes, qui avaient à cœur le relèvement de la France, ont entrepris de doter leur pays. Au lendemain de la guerre, sans perdre une minute, ils ont conçu la pensée d'ouvrir des cours publics et gratuits de topographie pratique dans tous les arrondissements de Paris, et de répandre dans toutes les classes de la population le goût d'une science qui, jusqu'alors, était restée l'apanage à peu près exclusif des officiers d'état-major et de quelques spécialistes.

La topographie ! qui donc jusqu'alors

s'était occupé de cette science si utile pourtant, si attrayante, si belle dans sa simplicité? A peine la connaissait-on de nom, sans même s'être jamais demandé ce que ce nom pouvait bien vouloir dire. Il nous a fallu les leçons du malheur pour nous faire faire un retour sur nous-mêmes et nous forcer à remarquer ce qui aurait dû nous crever les yeux!

Bref, un cours d'essai fut organisé par M. Hennequin à la mairie du IVe arrondissement de Paris. On s'y porta en foule; les futurs officiers de l'armée territoriale vinrent y puiser les connaissances désormais indispensables pour les grades qu'ils ambitionnaient, et le succès de cette première tentative dépassa toutes les espérances.

Sur ces entrefaites (1875) eut lieu aux Tuileries la réunion du Congrès géographique international, lequel décida en principe l'adoption de deux réformes importantes, savoir : 1° l'enseignement de la géographie par la topographie ; — 2° l'enseignement de l'histoire par la géographie ; — c'est-à-dire la topographie servant de base à la géographie, devant la reconstituer progressivement, et la géographie, ainsi élargie, devenant à son tour un solide point d'appui pour l'enseignement de l'histoire.

C'est alors qu'un des auditeurs les plus assidus des cours du IV° arrondissement conçut la pensée de réunir toutes les personnes qui avaient mis leur dévouement au service de la nouvelle entreprise, dans une association scientifique qui se ramifierait au dehors, et qui ne pourrait manquer de recruter bientôt de nouveaux adhérents. Des réunions préparatoires eurent lieu ; un projet de statuts fut discuté et arrêté sous l'inspiration des résolutions du Congrès, et l'autorisation nécessaire fut demandée au Gouvernement, qui l'accorda le 6 septembre 1876.

La *Société de Topographie de France* était dès lors constituée.

Le but de la nouvelle société était : 1° de vulgariser à l'infini la topographie, c'est-à-dire d'organiser dans tous les arrondissements de Paris et dans toutes les villes de France des cours gratuits de topographie d'après le programme adopté par la Société, et de confier ces cours à ses professeurs, afin de suivre une méthode uniforme ; — 2° de faciliter l'introduction de la topographie dans les écoles primaires, secondaires et supérieures ; — 3° de travailler à la reconstitution progressive de la géographie au moyen de la topographie ; — 4° de poursuivre l'application de la géographie reconstituée par la topographie à l'étude de l'histoire.

L'enseignement comprenait : 1° la lecture de la carte des états-majors français et étrangers ; — 2° l'application raisonnée et pratique de ces cartes ; — 3° le levé à vue et le levé régulier avec exercices pratiques sur le terrain (promenades topographiques) ; — 4° l'étude du terrain au point de vue de la fortification passagère.

Le programme adopté uniformément pour les cours professés au nom de la Société était le programme arrêté par M. le Ministre de la Guerre, le 30 septembre 1874, pour l'enseignement de la topographie dans les corps de troupes, programme admirablement conçu, qui embrasse un champ suffisamment vaste, tout en restant à la portée de la généralité des auditeurs.

Un cours de ce genre, organisé depuis quatre ans, sous la direction de M. Hennequin, à l'École normale d'Auteuil, a donné d'excellents résultats, et nous demandions de toutes nos forces que cette mesure fût étendue aux autres écoles, persuadés qu'on ne tarderait pas à en ressentir tous les bons effets.

Notre appel a été entendu en haut lieu, car un décret de M. le Président de la République, en date du 29 juillet 1881, et un arrêté ministériel du 3 août suivant ont rendu obligatoire l'enseignement de la topographie dans toutes les écoles normales primaires de France. Les écoles normales vont ainsi devenir autant de pépinières de jeunes topographes; les élèves-maîtres, une fois devenus instituteurs, formeront à leur tour des élèves, et le nombre de ceux-ci va croître, pour ainsi dire, en progression géométrique.

Au moment où le but venait d'être atteint, où la topographie avait enfin conquis son droit de cité, où elle faisait partie intégrante des programmes universitaires, la Société de Topographie comptait près de 500 membres; elle avait pour président M. Hennequin, le vaillant organisateur des cours de la mairie du IVᵉ arrondissement et de l'École normale d'Auteuil, et elle paraissait appelée à de longues années de prospérité, lorsque tout à coup un conflit, sur lequel nous nous abstiendrons ici de porter aucune appréciation, ayant éclaté au sein du conseil d'administration, un certain nombre de membres, y compris le Président, donnèrent leur démission et se réunirent pour fonder une nouvelle association qui a pris le titre de *Société nationale de Topographie pratique*, et qui doit être en même temps une école d'application de topographie.

Quoi qu'il en soit, et malgré cette scission regrettable, il faut espérer que les deux Sociétés, divisées sur ces questions d'ordre intérieur, n'en marcheront pas moins résolûment dans la voie précédemment tracée, que leur rivalité momentanée deviendra une source d'émulation pour l'avenir, et qu'elles rivaliseront d'ardeur pour atteindre le but commun. D'ailleurs, comme on peut en juger par le programme qu'elles ont inscrit en tête de leurs statuts, elles sont appelées à rendre d'immenses services, et nous nous plaisons à croire que leur influence ne sera pas tout à fait étrangère au relèvement de notre chère patrie.

AL. LAPLAICHE.

NOTA. — L'astérisque qui se trouve en tête de certains paragraphes indique que ces paragraphes peuvent être laissés de côté dans une première étude de ce cours, mais qu'ils doivent être étudiés comme les autres dans une seconde révision plus complète.

COURS

DE

TOPOGRAPHIE

DOCUMENTS OFFICIELS

Le Vice-Président du Conseil, Ministre de la Guerre, à MM. les Gouverneurs militaires de Paris et de Lyon, et les Généraux commandant les corps d'armée.

Paris, le 30 septembre 1874.

Général, la lecture et l'emploi des cartes topographiques ont acquis aujourd'hui une importance exceptionnelle et sont devenus un élément indispensable de l'instruction militaire pour tous ceux qui sont appelés à conduire une troupe.

Des cours et des conférences de topographie et de lecture des cartes sont faits aux officiers et aux sous-officiers dans les corps, et donnent pour la plupart d'assez bons résultats.

Afin de rendre ces études plus efficaces et le mode d'enseignement plus uniforme, il est essentiel que les officiers directeurs soient bien fixés sur ce qu'ils doivent professer, et qu'ils aient, comme guide, entre leurs mains, un programme complet des matières à enseigner.

Aujourd'hui que les cartes topographiques de presque tous les pays de l'Europe ont été publiées, l'enseignement de la topographie dans les corps de troupes doit consister dans une explication détaillée des procédés graphiques usités pour la représentation du terrain et dans les exercices pratiques appropriés, plutôt que dans l'exposé d'une méthode théorique de levés réguliers, d'une application presque impossible en campagne.

C'est d'après ces principes qu'a été rédigé le programme du cours de topographie.

Ce programme est divisé en deux parties :

La première, destinée aux sous-officiers et même aux caporaux ou brigadiers, a pour objet la lecture élémentaire de la carte au moyen de tableaux ou d'atlas donnant les dessins des signes conventionnels et au moyen de quelques exercices pratiques. Douze leçons, dont quatre séances sur le terrain, suffisent à cet enseignement.

La deuxième partie, destinée aux officiers et aux sous-officiers proposés pour l'avancement, convient aussi aux engagés conditionnels d'un an. Elle comprend vingt leçons, dont onze sur le terrain.

Les deux parties sont accompagnées chacune d'une instruction s'adressant plus particulièrement au professeur, sur la manière d'appliquer le programme d'enseignement.

Le cours de topographie et de lecture des cartes, professé d'après ce programme, devient, dès aujourd'hui, obligatoire, à l'exclusion de tout autre, dans les corps de troupe.

MM. les généraux inspecteurs s'assureront qu'il a été suivi, et me feront connaître, dès 1875, dans le compte-rendu des inspections générales, le résultat de son application.

Recevez, etc.

Le Vice-Président du Conseil,
Ministre de la Guerre,

Signé : Général E. DE CISSEY.

PROGRAMME

DU COURS ÉLÉMENTAIRE DE TOPOGRAPHIE

I. — NOTIONS PRÉLIMINAIRES

Topographie. — Définition et objet.
Verticale, plan horizontal. Projection d'un point, d'une ligne, d'un objet sur un plan.
Cartes. — Ce qu'on entend par cartes : cartes géographiques, cartes topographiques et plans.
Echelles. — Définition ; construction d'une échelle graphique simple ; usage. Echelles généralement employées.

II. — DÉSIGNATION ET REPRÉSENTATION DES OBJETS A LA SURFACE DU SOL

Planimétrie. — Son objet

Eaux courantes. — Fleuve, rivière (source, fontaine, lit, rive, berge, amont, aval, barrage, étiage, embouchure, delta, estuaire), ruisseau, torrent, glacier, canal écluse, bief, digue).

Eaux stagnantes. — Lac, étang, lagune, marais, marécage, mare, tourbière, rizière, marais salant, saline.

Manière de représenter les eaux.

Moyens usités pour franchir les eaux. — Pont en pierre, en bois, en fer, pont suspendu (culée, pile, arche, tablier), pont de bateaux, pont-levis, passerelle, pont de pontons, pont volant, bac, bac à traille ; gué pour piétons, gué pour voitures.

Manière de représenter ces divers objets.

Voies de communication. — Routes, chemin en déblai, en remblai, en corniche ; carrefour, patte-d'oie, étoile, rond-points, sentier.

Classification des routes et chemins.

Chemins de fer (tunnel, viaduc, passage à niveau, en dessus, en dessous).

Mode de représentation employé pour les communications.

Lieux habités, constructions. — Habitations isolées (château, église, temple, chapelle, mosquée, marabout ; gare, station ; ferme, métairie, borde, cense, châlet ; briqueterie, tuilerie, fabrique, usine, manufacture, fonderie, forge, scierie ; télégraphe, phare ; moulin à vent, à eau ; tour, ruine).

Hameau, village ; bourg ; ville ouverte, fermée, fortifiée.

Ligne de retranchements, fort, redoute, batterie ; borne, poteau, croix, calvaire ; signal géodésique, clocher signalé.

Mode de représentation.

Cultures, terrains boisés et détails du sol. —

Terres labourables, vignes, prés, prairies, pâturages, vergers ; jardins, parcs (clôtures : murs,
baies, fossés) ; forêts et bois (haute-futaie, taillis,
clairière, éclaircie, lisière) ; arbres isolés, buissons,
bruyères, broussailles ; friches, landes ; sables,
dunes, galets ; carrière, fondrière, trou ; escarpement, arrachements, falaises, rochers).

Mode de représentation.

Signes conventionnels administratifs. — Limites d'État, de département, d'arrondissement,
de canton et de commune.

Préfecture, sous-préfecture, canton.

Écritures. — Forme et grandeur des caractères
suivant l'importance de l'objet.

Abréviations.

III. — ÉTUDE ET FIGURÉ DES FORMES DU TERRAIN

Notions préliminaires. — Pente d'une ligne,
d'un plan ; pente du terrain.

Altitude, plan de repère, cote, commandement
ou relief, différence de niveau.

Nivellement ; ce qu'on entend par nivellement.

Formes diverses qu'affecte le terrain. — Plaines,
élévations, dépressions.

Élévations. — Montagne, mont, aiguille, dent,
pic, dôme, ballon, piton, puy ; chaîne de montagnes, nœud, massif, contre-fort, chaînon. Colline, monticule, mamelon, tertre, butte, ondulation, rideau, pli de terrain.

Sommet, cime, point culminant, crêt, crête,
arête, plateau.

Col, port, ligne de partage.

Flancs, versants, revers, pentes, ressaut, gradin, croupe.

Pied, base.

Dépressions. — Vallée, vallon, val, combe, cirque.

Tête de vallée, flancs, berges, thalweg.

Gorge, clue, cluse, étranglement, ravin.

Manières diverses de représenter les formes et le relief du terrain.

Figuré du terrain au moyen de plans en relief. — Mode de représentation excellent pour apprendre la lecture des cartes topographiques.

Emploi des cotes pour figurer le terrain. — Système incomplet et défectueux.

Figuré du terrain au moyen de courbes. — Courbes horizontales ou de niveau; propriété de ces courbes. Courbes horizontales équidistantes; avantages de ces courbes. Équidistance généralement adoptée suivant l'échelle.

Équidistance plus petite en pays de plaines, plus grande en pays de montagnes.

Représentation, au moyen de courbes horizontales équidistantes, d'un mamelon, d'une croupe, d'une vallée, d'un col.

Figuré du terrain au moyen de hachures. — Ligne de plus grande pente d'un terrain (chemin suivi sur une pente par une goutte d'eau); propriétés des lignes de plus grande pente.

Hachure ou projection d'une ligne de plus grande pente.

Emploi des hachures pour remplacer les courbes.

Représentation d'un mamelon, d'une croupe,

d'une vallée, d'un col. Représentation des rochers et des escarpements.

Figuré du terrain au moyen de courbes et de teintes. — Avantages de ce procédé de représentation. Trouver la cote d'un point entre deux courbes. Tracé d'un profil.

Montrer les différentes formes du terrain, sur les cartes à diverses échelles, en pays de plaines, de collines et de montagnes.

IV. — LECTURE ET EMPLOI DE LA CARTE

Exercice de lecture de la carte à l'aide du plan en relief. — Mesure des distances : recherche des lignes de partage, des lignes de défilement.

Recherche de l'horizon visible d'un point donné. Indication qu'on peut tirer de l'étude de la carte sur les ressources d'une région d'après la configuration du terrain et la nature des cultures.

Exercices de lecture de la carte sur le terrain. — S'orienter à l'aide de la carte, trouver le point où l'on est, se transporter à tel endroit, etc... ·

Exercices de description du terrain d'après la carte et vérification sur le terrain.

Emploi de la carte pour préparer les petites opérations du service en campagne. — Placement d'une grand'garde, des petits postes, des sentinelles ou vedettes.

Conduite d'un détachement.

Emploi de la carte, pour le choix d'un campement, pour l'établissement d'un cantonnement. —

Vérification sur le terrain de chacune de ces études.

Reporter sur la carte les petites opérations exécutées sur le terrain.

V. — EXÉCUTION D'UN LEVÉ A VUE, D'UN CROQUIS

Nécessité pour tout officier de pouvoir exécuter un levé à vue.

Détermination des distances. — Mesure des distances au pas. Étalonner le pas ; construction d'une échelle de pas.

Mesure des distances par le temps employé à les parcourir à pied ou à cheval.

Mesure des distances au moyen du son.

Estimation des distances à vue ; données générales fournies par l'expérience.

Emploi d'instruments simples pour l'exécution d'un levé à vue. — (Carton, boussole, double-décimètre), pour l'exécution d'un croquis (Carnet et crayon).

Exécution d'un levé à vue. — Mesure d'une première direction au pas sur une route ou un chemin autant que possible en ligne droite. Orientation du carton sur cette direction au moyen de la boussole. Mesure des distances au pas en cheminant sur les directions principales. Détermination par la méthode d'intersection des points importants à droite et à gauche.

Méthode des recoupements ; procédé des alignements.

Évaluation à vue des hauteurs. Figuré du relief du terrain au moyen de courbes en s'attachant à

donner des **formes** générales et les commande-
ments relatifs des hauteurs.

Exécution d'un croquis. — Mesurer les distances
en cheminant, placer les objets à droite et à gauche en évaluant les distances à vue ; indiquer les
pentes au moyen de courbes. Stationner sur les
points élevés pour bien voir les lignes du terrain.
Terminer tout levé en indiquant l'échelle et mar-
quant la ligne nord-sud.

Exercices sur le terrain.

VI. — RECONNAISSANCES

Utilité des reconnaissances pour compléter les
renseignements fournis par les cartes.

Reconnaissance d'une route. — Direction générale : points principaux qu'elle relie ; mode de
construction : pavée, empierrée, en remblai, en
déblai ; largeur, état d'entretien ; pentes. Em-
branchements. Objets remarquables que l'on rencontre : villages, fermes, châteaux, maisons isolées ; ouvrage d'art, bois, défilés.

Reconnaissance d'un chemin de fer. — Direction générale. A quelle grande ligne appartient
la section reconnue. Points importants qu'elle
met en communication. Nombre de voies, stations,
voies de garage, quais d'embarquement. Ponts,
viaducs, tunnels, déblais et remblais. Ressources
(charbon, eau, matériel).

Communication télégraphique.

Reconnaissance d'un cours d'eau, d'un canal. —
Direction, largeur, profondeur, rives (commandement), ponts, gués, bateaux ; navigable ou non,
écluses et barrages.

Reconnaissance d'un bois, d'une forêt. — Etendue, forme, nature du bois (taillis, haute futaie), clairière ; lisière, routes et chemins.

Reconnaissance d'un château, d'une ferme, d'une maison isolée. — Force et mode de construction des murs, nombre d'étages, ouvertures, toitures, cours, jardins, clôtures (murs, fossés). Ressources.

Reconnaissance d'un hameau, d'un village. — Position ; forme ; mode de construction des maisons, toitures ; enceinte (jardins, murs, fossés) ; places ; édifices ; population ; nombre de maisons. Ressources pour le logement et la nourriture.

Reconnaissance d'une vallée. — Direction, étendue ; largeur ; boisée, cultivée, couverte, coupée de ravins ; nature du fond. Pentes. Villages et maisons ; communications.

Reconnaissance d'une hauteur. — Sommet de la hauteur : forme et configuration ; boisé, découvert ; commandement.

Flancs ; pentes accessibles à l'artillerie, à l'infanterie ; routes et chemins qui gravissent les pentes ; ressauts, gradins.

Pied de la hauteur : boisé, découvert, coupé ; villages, maisons ; chemins, ravins.

Reconnaissance d'un défilé. — Longueur, largeur ; praticable ou non aux différentes armes ; nature des parois (rochers, terrains escarpés, boisés), configuration des débouchés à l'entrée et à la sortie.

Reconnaissance d'un pont. — Situation, longueur, largeur, construction, solidité ; nombre de piles.

Exercices de reconnaissance sur le terrain.

INSTRUCTION SOMMAIRE

SUR LA MANIÈRE

D'appliquer le programme du cours de topographie.

~~~~

Aujourd'hui que les cartes topographiques de presque tous les pays d'Europe ont été publiées, il n'est pas indispensable que les officiers de troupe sachent exécuter un levé régulier, mais il est de toute nécessité qu'il soient en état de lire très exactement une carte quelconque et de pouvoir faire un levé à vue ou simplement un croquis qui peuvent être très utiles pour compléter une carte.

Le cours de topographie est destiné à remplir ce double but : lecture de la carte, exécution d'un croquis.

Le programme est divisé en 6 chapitres : le premier traite des généralités ; les trois suivants ont pour objet la lecture et l'emploi de la carte ; les 5e et 6e ont trait à l'exécution des croquis et des reconnaissances.

L'officier chargé d'enseigner s'attachera à donner des explications simples, sans formules, ni calculs, en cherchant surtout à parler aux yeux et à l'intelligence.

Dans la leçon sur les généralités, il s'aidera du fil à plomb pour faire comprendre ce que l'on entend par verticale, plan horizontal et projection.
~~~~

Dans les explications sur les échelles, il évitera de parler des échelles composées, qui sont très rarement employées en topographie.

Pour le chapitre II, relatif à la planimétrie, l'officier chargé du cours montrera comment sont représentés sur le tableau des signes conventionnels les particularités et les détails de la surface du sol, et expliquera les termes les moins connus qui se rapportent soit aux eaux ou aux moyens de les franchir, soit aux voies de communication, aux lieux habités ou aux cultures. Il fera voir la valeur des écritures par la forme et la grandeur des caractères employés selon l'importance des objets que l'on veut désigner.

Les matières relatives à ce chapitre n'offrent aucune difficulté et pourront être apprises facilement en copiant ou même seulement en examinant les signes conventionnels relatifs à la planimétrie.

L'officier chargé d'enseigner devra, pour les leçons du chapitre III, se procurer un relief ou bien en exécuter un lui-même avec de la terre glaise ou de la cire molle.

Il expliquera, le plus simplement possible, les notions de pente d'une ligne, d'un plan. Pour faire saisir ce que l'on entend par altitude, il supposera que le niveau de la mer se prolonge sous les terres ; il définira le nivellement, sans parler des instruments ou des calculs qui peuvent servir a l'exécuter.

Il montrera sur le relief ce que l'on entend par mamelon, col, vallée, croupe, thalweg, et expliquera les principales expressions du langage topographique relatives aux formes du terrain.

Pour bien faire comprendre la signification et

l'emploi des courbes horizontales ou de niveau, il fera voir à l'aide du relief comment, dans l'hypothèse de l'inondation générale, l'eau, en se retirant, découvrirait successivement les sommets, puis les cols, les vallées, en dessinant des courbes de niveau qui, par leurs contours, leurs inflexions et leurs sinuosités, décriraient les formes diverses du terrain. Il parlera de l'avantage des courbes horizontales équidistantes et montrera, comme règle générale relative à la représentation des pentes, que plus les courbes sont rapprochées, plus la pente est rapide et inversement.

Il expliquera comment on peut remplacer, dans la représentation du terrain, les courbes par des hachures ; il fera voir que la hachure est la projection de la portion de ligne de plus grande pente entre deux courbes et que la ligne de plus grande pente d'un terrain n'est autre chose que le chemin parcouru par une goutte d'eau en glissant du sommet au pied de la pente.

Il montrera, comme principe général, pour la lecture du figuré du terrain au moyen des hachures, que plus la teinte formée par les hachures est foncée, plus les pentes sont roides, plus cette teinte est pâle et blanche, plus les pentes sont douces.

Il fera saisir ce qu'on entend par coupe verticale ou profil, en faisant une section dans la terre glaise ou dans un objet facile à couper.

Il terminera les leçons du chapitre III en mettant sous les yeux des officiers des cartes de terrains variés à différentes échelles, et fera remarquer comment, suivant la grandeur de l'échelle, les formes et le relief du sol se trouvent représentés.

L'étude et le figuré du terrain forment une des parties les plus importantes du cours de topographie ; on s'attachera donc à bien les faire comprendre au moyen d'explications simples et en s'aidant toujours du plan en relief ou du terrain lui-même dans les environs de la garnison.

La lecture et l'emploi de la carte constituent le chapitre IV du programme.

La lecture de la carte sera faite d'abord au moyen du plan en relief, en faisant remarquer comment les formes du terrain, les accidents du sol sont rendus sur la carte ; on fera ensuite cet exercice sur le terrain en le parcourant la carte à la main. C'est par la comparaison souvent répétée de la carte et du terrain que les officiers s'habitueront à comprendre la manière dont les formes et les pentes du terrain sont représentées sur les cartes, et qu'ils pourront s'exercer à l'évaluation des distances et à l'estimation à vue des hauteurs. Comme exercice de lecture, on décrira, par la seule inspection de la carte, une portion choisie des environs de la garnison, et l'on contrôlera le travail en se transportant sur le terrain. — On préparera aussi, à l'aide de la carte, les petites opérations du service en campagne et l'on vérifiera les études sur le terrain. Les officiers s'exerceront en même temps à figurer, au moyen de signes convenus, les troupes sur la carte.

Les quatre premiers chapitres du programme indiquent tout ce que l'on doit savoir pour bien comprendre et lire les cartes topographiques et en tirer tous les renseignements qu'elles renferment ; les officiers devront s'exercer à les étudier, surtout sur le terrain, en profitant des promenades militaires, des grandes manœuvres, des voyages, etc., etc.

Il a été dit que tout officier devait être à même de pouvoir en campagne exécuter un levé à vue ou un croquis. La petite boussole est le seul instrument de topographie qu'il y ait lieu de connaître pour cet objet. — Avant de commencer les exercices sur le terrain, il sera nécessaire d'étalonner le pas sur une route kilométrée ou mesurée, et d'établir une échelle de pas.

Pour éviter la confusion dans les lignes du dessin, il y a quelquefois avantage à se servir de plusieurs crayons pour faire un levé. On emploie le bleu pour les eaux, le rouge pour les constructions et les communications, le vert pour les bois, le crayon ordinaire pour le figuré du terrain et des écritures.

Dans les travaux de révision de la carte de France, on se sert du rouge pour les objets à ajouter ou du jaune pour ceux à effacer.

On ne peut donner des règles fixes pour l'exécution des levés à vue et des croquis. C'est surtout par des exercices souvent répétés sur le terrain que les officiers parviendront à faire rapidement un croquis suffisamment exact.

Le figuré des hauteurs ne doit être entrepris que lorsque les objets de la planimétrie ont été à peu près tous mis en place. On doit avoir soin de figurer les pentes par des éléments de courbe, sans s'astreindre à continuer les courbes d'une extrémité à l'autre du levé. Plus le terrain paraît rapide, plus les courbes doivent être rapprochées ; plus la pente est douce, plus on doit les espacer.

Il est nécessaire que tout croquis porte, en même temps que l'échelle, une ligne d'orientation nord-sud que l'on trace dans un angle du dessin.

On pourra, comme exercice, au début, ensei-

guer aux officiers à compléter et à rectifier un levé
où l'on aura omis à dessein quelques détails de la
planimétrie et du figuré du terrain, ou bien sur
lequel on aura donné à ces objets des directions
ou des positions fausses.

Le chapitre VI et dernier traite des reconnaissances.

Les cartes topographiques, même les plus détaillées, ne peuvent point donner tous les renseignements qui se trouvent sur le terrain ; les
reconnaissances spéciales sont donc indispensables
pour compléter les indications fournies par les
cartes. Les officiers devront être exercés sur le
terrain à ce genre de travaux. Ils s'attacheront,
dans les rapports sur les reconnaissances, à être
clairs, concis et précis.

Le nombre de leçons pour l'enseignement du
cours de topographie ne saurait être fixé d'une
manière invariable. Pour guider les officiers chargés du cours, on croit devoir donner, comme
indication générale, en supposant les leçons de
une heure dans le cabinet et de deux heures sur le
terrain :

```
Pour les chap. I et II....   2 leçons.
    —        III........  3  —
    —        IV........  7 leçons dont 5 sur le terrain.
    —        V.........  4  —    3  —
    —        VI......   4  —    3  —
                        ___
            Total....  20 leçons.
```

TOPOGRAPHIE

NOTIONS PRÉLIMINAIRES

1. DÉFINITION ET OBJET DE LA TOPOGRAPHIE. — La *topographie* est l'art de représenter sur une feuille plane une étendue de terrain assez restreinte pour que la sphéricité de la surface terrestre puisse être négligée et cette portion de surface elle-même considérée comme plane sans erreur appréciable. La topographie suppose des notions de géométrie élémentaire et de dessin.

Quelque connaissance que l'on ait acquise de l'ennemi, quelque force même que l'on ait à sa disposition, toute entreprise, quelle qu'elle soit, dépend, dans son exécution, de la connaissance du terrain : aussi la topographie est-elle la base de toutes les opérations militaires, et son étude ne saurait-elle être trop approfondie.

Sans insister davantage sur son utilité pratique et sur ses nombreuses applications, bornons-nous à dire que sa connaissance est indispensable à tout officier, comme à tout sous-officier qui tient à pouvoir remplir sérieusement et consciencieusement tous les devoirs que son grade lui impose.

2. RAPPEL DES NOTIONS DE GÉOMÉTRIE. — *Définitions.* — La *verticale* d'un lieu est la direction de la pesanteur en ce lieu. Un corps qui tombe librement vers le sol, sollicité par l'action de la pesanteur, suit une trajectoire qui n'est autre que la verticale du lieu. Le moyen usuel d'obtenir cette direction consiste dans l'emploi du fil à plomb

(fig. 1) qui se place de lui-même suivant la ver‑
ticale. La verticale d'un lieu perce la
sphère céleste en deux points diamétra‑
lement opposés, appelés *zénith* et *nadir*.
Le zénith est au-dessus de l'observateur,
et le nadir se trouve au-dessous.

Tout plan perpendiculaire à la ver‑
ticale d'un lieu prend le nom de *plan
horizontal*. La surface d'une eau tran‑
quille est un plan horizontal.

Fig. 1.

Fil à plomb.

On appelle *projection* d'un point A sur un plan
P (fig. 2) le pied *a* de la perpendiculaire abaissée
de ce point sur le plan. La perpendiculaire *A a*
prend le nom de ligne projetante.

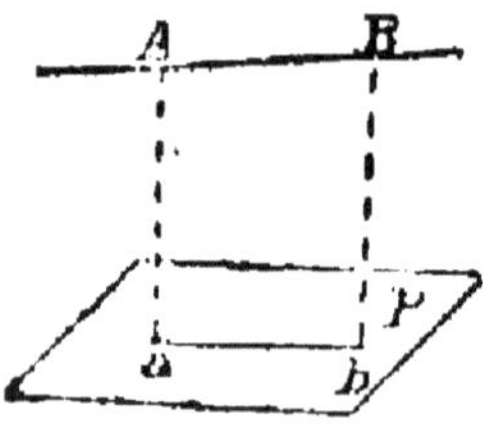

Fig. 2.

Projection d'une droite
sur un plan.

On appelle projection d'une
ligne sur un plan l'ensemble
des projections de tous les
points de cette ligne sur le
plan.

Théorème. — La projection
d'une ligne droite A B sur
un plan P est une autre ligne
droite *a b* (fig. 2).

On appelle projections d'un
objet sur un plan l'ensemble des projections des
contours et des points les plus remarquables de
cet objet.

3. CARTES. — La *carte* d'un pays ou d'une éten‑
due quelconque de terrain est un dessin repro‑
duisant ses contours et les principaux détails de
sa configuration. Il va sans dire qu'un pareil des‑
sin, pour être d'un usage commode, doit toujours
être beaucoup plus petit que la contrée qu'il re‑
présente, de même qu'une photographie est or‑

dinairement plus petite que la personne dont elle
donne le portrait. Seulement, pour éviter les dé-
formations, on est convenu de réduire les différentes parties du dessin dans la même proportion,
en sorte que la carte, une fois construite, a exactement la même forme que le pays dont elle est
l'image. On peut ainsi embrasser d'un seul coup
d'œil une vaste étendue de terrain, tout comme si
on se trouvait placé à une grande hauteur domi-
nant la contrée.

4. ÉCHELLES NUMÉRIQUES. — Si la distance entre
deux points quelconques d'un pays est, par exemple, 1,000 fois plus grande sur le terrain que
sur la carte, on dit que la carte est à l'é-
chelle de un millième, ce que l'on écrit ainsi :
$\frac{1}{1,000}$, c'est-à-dire qu'elle est 1,000 fois plus petite
en longueur et en largeur que l'étendue de pays
qu'elle représente. Dans ce cas, une longueur de
1 mètre sur le terrain se trouvera représentée par
une longueur de 1 millimètre sur le papier; une
longueur de 1 kilomètre par une longueur de 1
mètre, etc.

Si la carte est à l'échelle de $\frac{1}{10,000}$, toutes les
distances réelles seront représentées 10,000 fois
plus petites, c'est-à-dire que 1 myriamètre (ou
10,000 mètres) sera figuré par une distance de 1
mètre; — une distance de 1 hectomètre, par une
distance de 1 centimètre, et ainsi de suite.

Ainsi, par exemple, la grande carte de France,
dressée par l'état-major est à l'échelle de $\frac{1}{80,000}$
c'est-à-dire que toutes les longueurs sont 80.000
fois plus petites sur le dessin que dans la nature.
Alors, dans ce cas, une distance de 80.000 mètres,

ou 80 kilomètres sur le terrain correspond à un mètre seulement sur la carte. — Réciproquement, pour connaître la véritable distance de deux points marqués sur la carte, il suffit de multiplier par 80.000 la distance mesurée sur le papier.

5. DIVERSES SORTES DE CARTES. — Lorsque l'échelle d'une carte n'est pas inférieure à $\frac{1}{10.000}$, tous les détails du terrain, les constructions, etc., peuvent y être facilement représentés : on a alors de la *topographie de détail*, et la carte prend le nom de *plan topographique*. — Exemples : le plan d'un domaine, le plan d'un champ de bataille, le plan d'une ville, etc.

Si l'échelle est comprise entre $\frac{1}{10.000}$ et $\frac{1}{100.000}$, certains détails commencent à manquer de netteté, bien que la carte puisse encore être fort complète. Ainsi, à l'échelle de $\frac{1}{80.000}$, par exemple, on peut encore indiquer la configuration générale des villes, et même les principales rues, mais il devient impossible de distinguer les unes des autres les différentes maisons d'une même rue ; dans ce cas, c'est de la *topographie d'ensemble*, et la carte est dite *carte topographique*. — Exemples : la carte de l'état-major français, les cartes militaires de la France et de l'étranger, etc.

Si l'échelle est comprise entre $\frac{1}{100.000}$ et $\frac{1}{1.000.000}$, la carte peut représenter une vaste étendue de territoire sur une feuille de papier de grandeur assez restreinte, mais les détails importants peuvent seuls y figurer : la carte s'appelle alors *carte chorographique*.

Enfin, quand l'échelle est inférieure à $\frac{1}{1.000.000}$, les cartes sont encore moins détaillées ; les villes et les villages n'y sont plus représentés que par des points ou même n'y figurent plus du tout lorsqu'ils sont peu importants. Ces cartes prennent le nom de *cartes géographiques* : tous les atlas de géographie dont on se sert dans les écoles sont composés de cartes de cette dernière catégorie. — Les cartes géographiques se construisent au moyen de cartes chorographiques obtenues elles-mêmes par la réduction de cartes topographiques partielles que l'on réunit au moyen de diverses opérations qui sont du ressort de la *géodésie*, et dont nous n'avons pas à nous occuper dans le cours de cet ouvrage.

6. — TABLEAU DES PRINCIPALES ÉCHELLES EN USAGE.

Plans topographiques. (Topographie de détail.)	$\frac{1}{1.000}$	Levé de bâtiments isolés, d'une propriété, etc.
	$\frac{1}{2.000}$	Levé d'un groupe de constructions, d'un front de fortification, d'un domaine, etc.
	$\frac{1}{5.000}$	Levé d'une commune de moyenne étendue, d'un champ de bataille, etc.
	$\frac{1}{10.000}$	Levé d'une commune de grande étendue, d'une ville et de ses abords, reconnaissances très détaillées, etc.

Cartes topographiques. (Topographie d'ensemble.)

Échelle	
$\dfrac{1}{20,000}$	Plans des principales villes de France par l'état major, levés primitifs de la grande carte de France de l'état-major, itinéraires, reconnaissances militaires, etc.
$\dfrac{1}{25,000}$	Échelle peu usitée en France, mais employée par les états-majors des puissances étrangères aux mêmes usages que l'échelle de $\dfrac{1}{20,000}$ en France.
$\dfrac{1}{40,000}$	Levé d'une grande ville et de ses environs ; réduction des levés primitifs de la carte de France de l'état-major.
$\dfrac{1}{50,000}$	Échelle peu usitée en France, mais employée par les états-majors des puissances étrangères aux mêmes usages que l'échelle de $\dfrac{1}{40,000}$ en France.
$\dfrac{1}{80,000}$	Carte de France de l'état-major, en 274 feuilles ; environs des principales villes de France (extraits de la carte de l'état-major).
$\dfrac{1}{86,400}$	Ancienne carte de France des Cassini, dite carte de l'Académie, dressée avant l'adoption du système métrique à l'échelle de une ligne pour 100 toises (1 toise = 6 pieds — 72 pouces — 864 lignes).

Cartes topographiques. (Suite.)

$\dfrac{1}{100.000}$ — Échelle peu usitée en France, mais employée par les états-majors des armées étrangères aux mêmes usages que l'échelle de $\dfrac{1}{80.000}$ en France. Si cette échelle très simple pour les calculs n'a pas été adoptée par l'état-major français, cela tient à ce qu'on désirait se rapprocher autant que possible de l'échelle adoptée par les Cassini.

Cartes chorographiques.

$\dfrac{1}{200.000}$ — Cartes de l'Allemagne par Josias Perthes et Reymann, environs des villes de l'Algérie.

$\dfrac{1}{330.000}$ — Réduction de la carte de France de l'état-major en 33 feuilles ; carte de l'Europe centrale du Dépôt de la Guerre.

$\dfrac{1}{375.000}$ — Carte de l'Algérie du Dépôt de la Guerre en 5 feuilles.

$\dfrac{1}{420.000}$ — Nouvelle carte de la Russie d'après la carte de l'état-major russe.

$\dfrac{1}{500.000}$ — Nouvelle carte de France du génie militaire.

$\dfrac{1}{800.000}$ — Ancienne carte de France du génie militaire (Réduction à $\dfrac{1}{10}$ de la carte des Cassini.)

$\dfrac{1}{1.000.000}$ — Carte d'une vaste étendue de pays.

Cartes géographiques.

$\dfrac{1}{1.500.000}$ — Carte des étapes de France en 2 feuilles, du dépôt de la Guerre, dressée en 1875.

$\dfrac{1}{2.500.000}$ — Carte militaire des principaux États de l'Europe, du Dépôt de la Guerre.

etc., etc.

7. Problème. — *Connaissant l'échelle d'une carte, déterminer la vraie distance de deux points de cette carte.*

Pour cela, il suffit de multiplier la distance prise sur la carte par le dénominateur de l'échelle.

Exemple : Soit à trouver la vraie distance de Saint-Cyr à Versailles, sachant que cette distance est de 0 m. 05 sur la carte de l'état-major à $\frac{1}{80,000}$. Cette distance sera $0^m,05 \times 80,000 = 4,000$ mètres

8. Problème. — *Connaissant l'échelle d'une carte, déterminer la distance sur cette carte de deux points donnés sur le terrain.*

Pour cela, il suffit de diviser la longueur trouvée sur le terrain par le dénominateur de l'échelle.

Exemple : Soit à déterminer par quelle longueur est représentée sur la nouvelle carte du génie à $\frac{1}{500,000}$ la ligne du chemin de fer de Paris à Dijon, qui, dans la nature, est de 314 kil. 3.

La longueur cherchée sera $\frac{314\,k.\,3}{500,000} = 0^m\,6286$.

9. Problème. — *Connaissant la vraie distance de deux points sur le terrain ainsi que leur distance sur la carte, déterminer l'échelle de la carte.*

Cette échelle est représentée par une fraction ayant pour numérateur l'unité, et pour dénominateur le quotient du nombre représentant la distance sur le terrain, divisé par le nombre représentant la distance sur la carte.

Exemple : Un officier chargé d'une reconnaissance entre Bourges et le camp d'Avord représente, sur la carte qui accompagne son rapport, la distance de ces deux points par une longueur de 0ᵐ 076, distance qui, dans la nature, est de 19,520 mètres : on demande à quelle échelle il a opéré.

Le dénominateur de l'échelle cherchée sera $\frac{19,520}{0,976} = 20,000$, et l'échelle elle-même sera représentée par la fraction $\frac{1}{20,000}$.

*10 . **Approximation de lecture d'une carte.** — La plus petite longueur que puisse apprécier une vue moyenne est de 0ᵐ,0002. Le produit de cette longueur par le dénominateur de l'échelle adoptée représente la longueur des plus petits détails du terrain dont le dessin puisse faire mention : c'est ce qu'on appelle *l'approximation de lecture* de la carte.

Ainsi, pour un levé à l'échelle de $\frac{1}{20,000}$, l'approximation de lecture sera $0ᵐ,0002 \times 20,000 = 4$ mètres : les détails dont les dimensions n'atteignent pas 4 mètres ne sauraient y figurer ;

Sur la carte de France de l'état-major à $\frac{1}{80,000}$ l'approximation de lecture est $0ᵐ,0002 \times 80,000 = 16$ mètres : les détails du terrain d'une dimension inférieure à 16 mètres ne peuvent y trouver place ;

La réduction à $\frac{1}{320,000}$ de la carte de l'état-major donne une approximation de lecture de $0ᵐ,0002 \times 32.000 = 64$ mètres ;

Et ainsi de suite.

On voit que plus le dénominateur de l'échelle est considérable, moins la carte peut être complète ; au contraire, plus le dénominateur de l'échelle diminue, plus la carte comporte de détails.

11. ÉCHELLES GRAPHIQUES. — Les calculs nécessaires pour passer d'une longueur graphique à la longueur naturelle correspondante ou inversement, sont, en général, très simples, et, par suite, donnent rarement lieu à des erreurs : il suffit, en effet, suivant les cas (7, 8,), de multiplier ou de diviser un nombre par le dénominateur de l'échelle, qui est ordinairement une puissance de 10, ou bien un multiple ou un sous-multiple d'une puissance de 10. Cependant, il existe un moyen d'éviter tout calcul et, par conséquent, d'éliminer toute cause d'erreur. Ce moyen consiste dans l'emploi des *échelles graphiques* sur lesquelles on lit immédiatement le résultat cherché.

Il y a deux sortes d'échelles graphiques: les *échelles simples* et les *échelles à réseau*.

12. ÉCHELLES GRAPHIQUES SIMPLES. — Soit à construire une échelle graphique simple à $\frac{1}{10,000}$. Tout d'abord, remarquons qu'à cette échelle, 1 mètre représente une longueur naturelle de 10,000 mètres : — 0^{m} 1 représente une longueur naturelle de 1,000 mètres, et ainsi de suite. Cela posé, prenons sur une droite indéfinie (fig. 3) une longueur $A\,B$ égale à 0^{m} 1 : cette longueur représente 1,000 mètres.

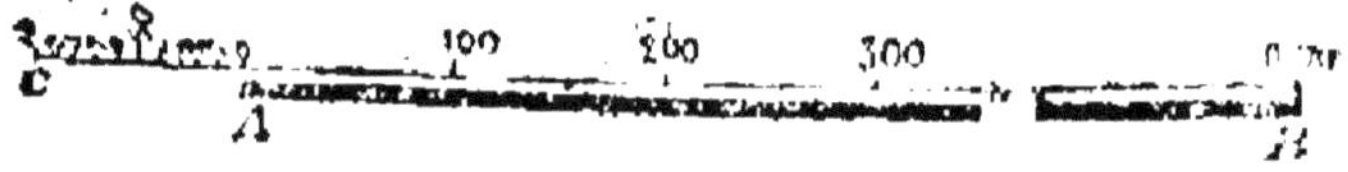

Fig. 3.

Échelle graphique simple à $\frac{1}{10,000}$

Au point A, que l'on appelle *origine* de l'échelle, inscrivons le chiffre 0, et au point B le

nombre 1.000. Partageons ensuite AB en 10 parties
égales, c'est-à-dire en 10 centimètres dont chacun
représentera 100 mètres, et inscrivons aux différents points de division les nombres 100, 200, 300,
400, 500, 600, 700, 800, 900. Généralement, on
donne aux échelles une longueur de 2 à 3 déci-
mètres ; pour cela, il suffit de porter à droite de
B 10 ou 20 divisions égales aux précédentes. Nous
pourrions maintenant diviser chacune de ces
parties en dix autres parties égales, c'est-à-dire
en 10 millimètres dont chacun correspondrait à
10 mètres; mais, comme cette nouvelle construction pourrait être fort longue, on abrège de la
manière suivante: on porte à gauche de A une
longueur AC égale à une des divisions de AB, et
cette nouvelle longueur seulement est divisée en
10 parties égales représentant chacune 10 mètres ;
aux points de division, on inscrit les nombres 10, 20,
30, 40, 50, 60, 70, 80, 90, 100, en allant de droite à
gauche. Pour distinguer facilement la partie de l'é-
chelle située à droite de l'origine de la partie située
à gauche ou *talon*, il est d'usage de souligner AB
par un gros trait noir. Telle est la construction
d'une échelle graphique simple ; voyons maintenant son mode d'emploi.

Une distance graphique étant prise sur la carte
à $\frac{1}{10.000}$, au moyen d'un compas à pointes sèches,
on place l'une des pointes du compas sur une des
divisions de AB, par exemple 800, de façon que
l'autre pointe tombe soit au point A, soit entre le
point A et le point C. Si la seconde pointe du
compas coïncide exactement avec A, la distance
cherchée est 800 mètres. — Si, au contraire, elle

tombe entre *A* et *C*, soit au point 70, la distance cherchée est 800 + 70 = 870 mètres.

Remarque. — La plus grande longueur que l'on pût avoir à mesurer sur une carte serait la diagonale de cette carte. Théoriquement, il faudrait donc une échelle au moins égale à cette diagonale; mais, dans la pratique, on se contente d'une échelle de dimension moindre; lorsque, par hasard, la distance graphique à mesurer est plus longue que l'échelle, on l'évalue par plusieurs opérations successives.

Comme exercice, proposons-nous de construire une échelle à $\frac{1}{80,000}$, pouvant servir à mesurer des distances sur la carte de France de l'état-major. Le raisonnement sera analogue au précédent : 1 mètre représentera une longueur naturelle de 80,000 mètres, $0^m,1$ représentera une longueur naturelle de 8,000 mètres. — Sur une droite indéfinie (*figure* 4), on prendra une longueur *A B* égale à $0^m,1$, que l'on partagera en 8 parties égales, correspondant chacune à 1,000 mètres, et numérotées 0, 1,000, 2,000, 3,000, 4,000, 5,000, etc. A droite du point *B*, on construira sur le prolongement de

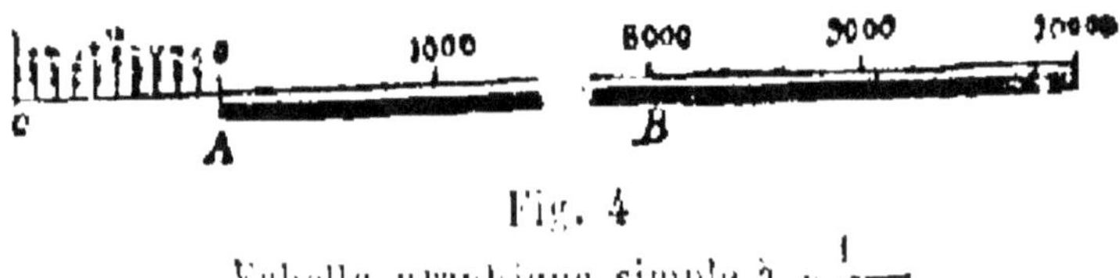

Fig. 4

Échelle graphique simple à $\frac{1}{80,000}$

A B autant de divisions égales aux précédentes qu'on le jugera convenable. A gauche du point *A*, on portera une division *A C*, égale aux précédentes, laquelle sera elle même divisée en 10 parties égales, dont chacune représentera 100 mètres.

On voit que cette nouvelle échelle est d'une construction aussi facile que la précédente : on l'emploie d'une façon tout à fait identique. Mais il se présente quelquefois des cas plus compliqués.

Supposons qu'on veuille construire une échelle à $\frac{1}{86\,400}$ échelle pouvant servir pour l'ancienne carte de France des Cassini. — Dans ce cas, 1 mètre représente une longueur naturelle de 86,400 mètres ; $0^m,1$ représente une longueur naturelle de 8,640 mètres, et ainsi de suite.

On commencera, comme précédemment, par prendre sur une droite indéfinie (fig. 5, page 43) une longueur A B égale à $0^m,1$. Seulement, pour trouver le point de l'échelle correspondant à 1,000 mètres, il faudra, au préalable, résoudre la règle de trois simple suivante :

86,400 mètres sont représentés, sur l'échelle, par une longueur de 1 mètre ; 1 mètre sera représenté, sur ladite échelle, par une longueur 86,400 fois moindre, c'est-à-dire par $\frac{1^m}{86\,400}$.

1,000 mètres seront représentés, sur l'échelle, par une longueur 1,000 fois plus grande que la précédente, soit $\frac{1^m \times 1\,000}{86\,400}$.

En effectuant les calculs indiqués, on trouve

$$\frac{1^m \times 1\,000}{86\,400} = 0^m,0116.$$

Le point correspondant à 1,000 mètres sera

Fig. 5.

Échelle graphique simple à $\frac{1}{86\,400}$

donc situé à une distance de 0^m,0146 à droite
de *A*. On pourra construire autant de divisions
qu'on le jugera utile en portant cette longueur
plusieurs fois à la suite de la première, et l'échelle
s'achèvera comme la précédente. Seulement, le
point *B* ne coïncide pas avec une des divisions de
l'échelle. — On peut remplacer le petit calcul qui
précède par la construction suivante : on mène,
à partir du point *A*, une oblique quelconque sur
laquelle on prend une longueur *A M* égale à
0^m,0864 ; on joint *M B* ; puis, par des points de
division marqués sur *A M* de centimètre en centimètre à partir de *A*, on mène des parallèles à
M B, qui déterminent sur *A B* autant de segments
proportionnels aux segments correspondants de
A M, et représentent chacun 1,000 mètres. On
prolonge l'échelle vers la droite autant qu'on le
juge convenable. Le point *B*, ainsi que nous l'avons
dit plus haut, se trouve compris entre deux divisions de l'échelle. — Pour construire le talon de
l'échelle, on prolonge *A M* au delà du point *A*
d'une quantité *A N* égale à l'un des segments de
A M ; on divise *A N* en dix parties égales et on
mène par les points de division des parallèles à
M B, qui déterminent des points de division correspondant sur *A B* prolongé à gauche de l'origine
jusqu'en *C*.

***15. — Échelles graphiques a réseau ou des
dixmes** — Les échelles à réseau ou des *dixmes*
permettent d'évaluer les distances avec une plus
grande précision que les échelles simples.

Soit à construire une échelle à réseau à $\frac{1}{5.000}$.
On commencera par construire sur une droite *A B*
(fig. 6) une échelle simple à $\frac{1}{5.000}$ munie de son

talon A C divisé en 10 parties égales dont chacune représente 10 mètres. Au point C, on élève sur C B une perpendiculaire quelconque C C_1 et on achève le rectangle $B C$ C_1 B_1. On divise ensuite $C C_1$ en 10 parties égales numérotées de 0, à 10 et, par les points de division, on mène des parallèles à C B. De même, par les points de division 0, 100, 200, 300, etc., de A B, on mène des parallèles à C C_1. Puis la partie supérieure , A_1 C_1 du talon de l'échelle

Fig. 6. — Échelle graphique à réseau.

parallèle et égale à la partie inférieure A C est divisée, comme celle-ci, en 10 parties égales ; seulement, au lieu de joindre les points de division correspondants par des droites parallèles à $C C_1$ on les joint par des droites obliques dites *transversales*, de façon que le point 10 supérieur soit relié au point 0 inférieur, le point 20 supérieur au point 10 inférieur, et ainsi de suite. Tels sont les détails de la construction d'une échelle à réseau.

Avant d'en indiquer le mode d'emploi, considérons le triangle $A A_1 A'_1$ formé par $A A_1$ et la première transversale $A A'_1$. Ce triangle est traversé par 9 lignes parallèles à sa base A_1 A'_1 qui déterminent autant de triangles partiels semblables à $A A_1 A'_1$ et ayant leurs côtés homologues proportionnels. Le triangle A a a' par exemple, déterminé par la parallèle 7, nous fournit la proportion

— 48 —

$\dfrac{a\,a'}{A_1\,A'_1} = \dfrac{A\,a}{A\,A'_1}$. La simple inspection de la figure nous montre que $\dfrac{A\,a}{A\,A'_1} = \dfrac{7}{10}$. Donc $\dfrac{a\,a'}{A_1\,A'_1} = \dfrac{7}{10}$. Or $A_1\,A'_1$ représente 10 mètres ; par conséquent $a\,a_1$ représente 7 mètres. — On démontrerait, par un raisonnement analogue, que les segments des parallèles 1, 2, 3, 4, etc., compris entre $A\,A_1$ et $A\,A'_1$, correspondent à 1, 2, 3, 4, etc., mètres.

Cela posé, il est facile de se rendre compte de l'usage de l'échelle à réseau. Supposons qu'on veuille prendre sur cette échelle la longueur qui correspond à 137 mètres : on placera les deux pointes du compas sur la parallèle marquée 7 à gauche de l'échelle, la première en M sur l'ordonnée correspondant au chiffre 100, la seconde en N sur la transversale correspondant à 30 : en effet, la longueur $M\,N$ se compose de $M\,a = 100$ mètres, de $a\,a' = 7$ mètres, et de $a'\,N = 30$ mètres, soit en tout 137 mètres.

De même la longueur correspondant à 1074 mètres sera représentée par la distance $M'\,N'$, et ainsi de suite.

16. Grandes divisions de la topographie : planimétrie, nivellement. — La série des opérations à exécuter pour arriver à construire une carte topographique peut se diviser en deux parties bien distinctes. En effet, la portion de terrain à représenter étant très restreinte par rapport aux dimensions du globe terrestre, la courbure de celui-ci sera parfaitement insensible, et les verticales des différents points du terrain, bien que concourant en réalité, au centre de la terre, pourront être considérées comme parallèles entre elles. On supposera donc un plan quelconque situé au dessous du sol sur lequel on projettera tous les points remarquables du terrain. L'ensemble de toutes ces projections, étant rapporté sur la feuille de papier à une échelle quelconque, donnera une première image de la configuration du terrain ; ces opérations préliminaires constituent la *planimétrie*.

Mais, pour que la carte puisse fournir tous les renseignements désirables, il ne suffit pas qu'elle fasse mention de toutes les routes, de tous les cours d'eau, de toutes les constructions élevées sur le terrain ; il faut encore qu'elle indique la hauteur relative des différents points du sol, c'est-à-dire leur niveau, de façon qu'on puisse reconnaître à première vue tous les mouvements du terrain et distinguer immédiatement une montagne d'une vallée ou d'un pays de plaines. Ce travail complémentaire, qui achève de donner à la carte la physionomie exacte du terrain, prend le nom de *nivellement*.

Planimétrie, nivellement : telles sont les deux grandes divisions de la topographie, dont nous allons faire une étude détaillée dans les chapitres qui vont suivre.

Désignation et représentation des objets à la surface du sol.

17. DÉFINITION ET OBJET DE LA PLANIMÉTRIE. — L'ensemble des projections de tous les points remarquables d'un terrain sur un plan horizontal quelconque constitue la *planimétrie* de la carte que l'on se propose de lever. Dans la planimétrie, on n'a pas à considérer les différences de hauteur des divers points de la carte, c'est-à-dire les longueurs souvent très variables des différentes lignes projetantes.

18. PLAN DE COMPARAISON. — Le plan horizontal sur lequel on suppose projetés les points remarquables du terrain prend le nom de *plan de comparaison*. On peut, à volonté, choisir ce plan, soit au-dessus, soit au-dessous du terrain considéré. D'ailleurs, quel que soit le plan horizontal adopté comme plan de comparaison, la carte planimétrique offre toujours un aspect identique. Néanmoins, on est convenu d'adopter comme plan de comparaison le plan horizontal correspondant au niveau moyen de la mer. Ce plan offre l'avantage de se trouver au-dessous de tous les points de la surface terrestre, en sorte que, lorsqu'on voudra inscrire, à côté des différents points de la carte, leurs cotes, c'est-à-dire les nombres représentant leurs hauteurs respectives au-dessus du plan de comparaison, on n'aura pas besoin de faire usage de nombres négatifs, ce qui pourrait être une cause d'erreurs.   Il existe cependant quelques localités situées un peu au-dessous du niveau moyen de la mer, comme certaines parties de la Hollande et une portion de territoire au sud de l'Algérie, où l'on a déjà proposé de créer une mer intérieure au moyen d'un canal qui amènerait l'eau de la Méditerranée. Toutefois, ces exceptions se présentent trop rarement pour qu'il y ait lieu de renoncer au plan de comparaison adopté, lequel offre d'immenses avantages.

19. ÉTUDE DES SIGNES CONVENTIONNELS. — On

donne le nom de *signes conventionnels* à une série de petits dessins simples et faciles à reproduire, qui ont été adoptés d'une manière invariable pour représenter sur les cartes les diverses formes du terrain, ainsi que les différents objets qui se trouvent à la surface du sol, bois, routes, cours d'eau, constructions, etc., etc.

Les signes conventionnels s'exécutent ordinairement à la même échelle que la carte. Toutefois, à partir de l'échelle de $\frac{1}{10,000}$, on est convenu d'exagérer les dimensions de certains d'entre eux qui, sans cette précaution, disparaîtraient, pour ainsi dire, dans les autres détails du dessin. On est convenu, également, pour la figuration des signes conventionnels, d'admettre l'hypothèse de la lumière à 45°, c'est-à-dire que l'on suppose tous les objets de la carte éclairés par une lumière placée à l'angle gauche supérieur, et l'on représente par des traits de force toutes les lignes de séparation d'une surface claire et d'une surface obscure. Grâce à cette convention, il est facile de distinguer à première vue un relief d'une excavation.

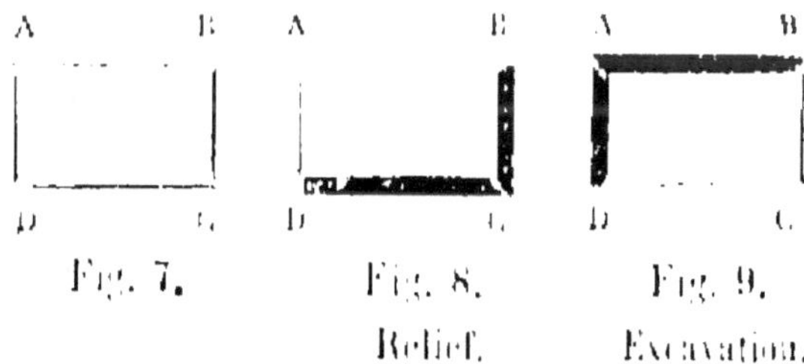

Fig. 7.   Fig. 8.   Fig. 9.

Relief.   Excavation.

Soit, en effet, un rectangle $ABCD$ fig. 7. Si ce rectangle représente un objet en relief, par exemple une maison, les traits de force seront disposés comme le montre la figure 8. Si, au contraire, le rectangle représente une excavation, les traits de force seront disposés de la manière inverse (fig. 9).

Ainsi, la lumière étant supposée venir du Nord-Ouest, tous les objets en relief porteront ombre au Sud et à l'Est, tandis que les accidents de terrain en creux porteront ombre au Nord et à l'Ouest.

Dans ce qui va suivre, nous allons étudier en détail les divers signes conventionnels affectés à la représentation des termes géographiques de la planimétrie.

20. EAUX. — On divise les eaux en *eaux courantes* et *eaux stagnantes*. Les eaux courantes sont celles qui coulent plus ou moins rapidement, suivant la pente du terrain qu'elles arrosent ; — les eaux stagnantes, au contraire, sont celles qui séjournent continuellement au même endroit.

1° *Eaux courantes*. — Les *fleuves* sont des eaux courantes d'une grande longueur, qui vont se jeter dans la mer.

Les *rivières* sont des cours d'eau moins importants qui se jettent dans un fleuve ; — on donne encore le nom de rivières aux cours d'eau qui vont directement se jeter dans la mer, lorsque leur longueur est peu considérable.

Enfin, on appelle *ruisseaux* les petits cours d'eau peu importants qui se jettent dans les rivières.

Un *torrent* est un cours d'eau rapide coulant au fond d'un ravin ; souvent à sec pendant l'été, il se gonfle outre mesure pendant la saison des pluies ou à l'époque de la fonte des neiges, et dévaste tout sur son passage.

Un *glacier* est un amas de glace situé au sommet d'une montagne, et reposant sur le rocher rendu glissant par la neige gelée, ce qui permet au glacier de se déplacer peu à peu dans le sens de l'inclinaison du rocher et de descendre parfois jusqu'au bas de la montagne.

Sur les cartes topographiques, on représente les cours d'eau, soit par un simple trait lorsqu'ils sont peu importants, soit par un trait double lorsque leur largeur est plus considérable. L'espace entre les deux traits est rempli par des lignes fines parallèles aux rives, et un peu plus serrées du côté du trait de force (fig. 10).

Fig. 10. — Cours d'eau.

La *source* d'un cours d'eau est l'endroit où il sort de terre ; — le fossé dans lequel il coule est son *lit* ; — les deux bords du lit s'appellent les rives : lorsqu'on marche dans le même sens que le courant, on a sur sa droite la *rive droite* et sur sa gauche la *rive gauche* ; le terrain incliné situé entre la partie plane de chaque rive et le bord de l'eau prend le nom de *berge* ; — l'endroit où le fleuve se jette dans la mer se nomme *l'embouchure* ; si cette embouchure a une grande largeur, elle porte le nom d'*estuaire* ; quelquefois, un fleuve, avant de déverser ses eaux dans la mer, se partage en plusieurs branches ou *bras* ; dans ce cas, ses diverses embouchures se nomment *bouches*, et le terrain compris entre les deux bras extrêmes et la mer prend le nom de *delta*.

On appelle *barrage* un travail effectué par la main des hommes en travers d'un cours d'eau, pour entraver en partie, à certaines époques, l'écoulement de l'eau et faciliter la navigation.

L'*étiage* est le niveau le plus bas que prennent les eaux d'un fleuve pendant la saison d'été. Ce niveau est généralement indiqué sur la pile d'un pont par un *zéro*, et l'on construit au dessus une *échelle* en mètres et centimètres, d'après laquelle on peut évaluer la hauteur des eaux à un moment donné.

Souvent il arrive que, sur son parcours, un fleuve se partage en deux branches ou bras qui se rejoignent à quelque distance ; la portion de terrain comprise entre les deux bras prend le nom d'*île* ou d'*îlot*, suivant son étendue.

Les *affluents* d'un cours d'eau sont les divers petits cours d'eau qu'il reçoit sur son parcours. — Le point où deux cours d'eau se confondent se nomme *confluent*. — Lorsque le terrain situé entre ces deux cours d'eau se termine en pointe allongée, il est désigné sous le nom de *bec*.

La partie d'un cours d'eau comprise entre l'observateur et la source est dite *en amont* ; — celle qui est comprise entre l'observateur et l'embouchure est dite *en aval*.

On donne le nom de *canal* à un cours d'eau artificiel creusé par la main des hommes et destiné à faciliter la navigation. — Les canaux les plus importants sont ceux qui établissent une communication entre deux cours d'eau de bassins différents. Ces canaux ont, par conséquent, à franchir la ligne de partage des deux bassins. Il va sans dire que l'on choisit un des points les moins élevés, c'est-à-dire un col. A cet effet, le canal est divisé en un certain nombre de segments horizontaux ou *biefs* étagés à des niveaux différents et formant une sorte de gigantesque escalier de chaque côté des hauteurs qui séparent les bassins. Entre deux biefs consécutifs, est un réservoir plus petit ou *écluse*, qui ne peut contenir qu'un seul

bateau et qu'on peut faire communiquer à volonté avec l'un ou l'autre des deux biefs qui lui sont
contigus. Pour faire monter un bateau, on fait
communiquer le bief inférieur avec l'écluse, dans
laquelle on fait ensuite entrer le bateau ; on re-
ferme alors les portes du bief inférieur et on ouvre celles du bief supérieur. L'eau de l'écluse s'élève ainsi
au niveau du bief supérieur et on fait passer le bateau dans celui-ci. En répétant la même manœuvre
à chaque écluse, on amène peu à peu le bateau au
point le plus élevé du canal, et, par une opération
inverse, on le fait redescendre sur l'autre versant.
Les canaux sont donc une sorte de trait d'union
entre deux cours d'eau de bassins opposés, et, par
suite, entre les mers dont ces bassins sont tribu-
taires : ils sont, par conséquent, d'une haute utilité pour les transactions commerciales. — Les
rives d'un canal sont formées par des digues ou
levées de terre, sur les pentes desquelles on ménage
de chaque côté un chemin dit *chemin de halage*.
— On représente un canal par un double trait
comme les rivières ; les talus par des hachures
perpendiculaires au cours de l'eau, et les chemins
de halage par des traits blancs (figure
11). — Lorsque le canal est de dimensions plus restrein-
tes, on le représente
par un gros trait
plein et un trait fin

Fig. 11. — Canal.

Fig. 12. — Canal.

de chaque côté (fig. 12).

2° EAUX STAGNANTES.— La plus grande étendue
d'eau stagnante est la *mer*, qui couvre environ

les 4/5 de la surface du globe. — Les bords de la mer se nomment *rivages*.

Il y a encore les *lacs*, qui couvrent de vastes étendues de terrain, et qui sont alimentés par des fleuves ou des rivières, — et les *étangs*, de dimensions plus restreintes, qui sont alimentés par les eaux pluviales. — On appelle *lagunes* des étangs voisins de la mer et contenant de l'eau salée. — Une *mare* est un petit étang souvent creusé de main d'homme pour recueillir les eaux pluviales et servir d'abreuvoir aux bestiaux.

Les eaux stagnantes sont représentées par des traits parallèles aux rives (fig. 13). Toutefois, lorsqu'elles sont de petite étendue, on les indique par des traits horizontaux plus accentués en haut qu'en bas (fig. 14).

Fig. 13.
Eaux stagnantes.

Fig. 14.
Eaux stagnantes.

Un *marais* est un petit étang contenant de l'eau bourbeuse et quelques plaques d'herbe. On le représente par un mélange de petites hachures tremblées qui désignent l'herbe et de traits horizontaux qui désignent les flaques d'eau (fig. 15).

Fig. 15.

Fig. 16.

Fig. 17.

Un *marécage* est un terrain peu accessible, couvert en partie de flaques d'eau et en partie de touffes d'herbes.

Les *marais salants* sont des bassins peu profonds creusés dans le voisinage de la mer, en vue d'obtenir du sel par l'évaporation de l'eau. On les représente par de petits rectangles désignant les divers compartiments (fig. 16).

Les *tourbières* sont désignées comme les marais, mais avec des parties pointillées (fig. 17).

Les terrains employés à la culture du riz et qui sont disposés de façon à être submergés à volonté, portent le nom de *rizières*. On les représente comme l'indique la figure 18.

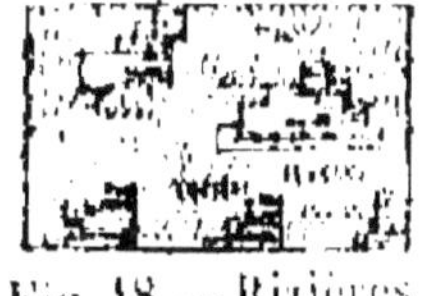

Fig. 18. — Rizières.

Les *rochers*, *falaises*, *dunes*, sont désignés par des dessins représentant la projection horizontale de ces divers objets.

21. MOYENS USITÉS POUR FRANCHIR LES EAUX. — Les ponts sont des édifices construits au-dessus des cours d'eau ou des canaux perpendiculairement au courant, pour relier une rive à l'autre et faciliter le passage aux voitures et aux piétons. Les ponts se divisent en *ponts fixes* et *ponts mobiles*.

1° *Ponts fixes*. — Ils sont construits, suivant les ressources des localités, en pierre, en fer ou en bois, et occupent une position fixe et invariable. — Dans un pont, on distingue : la *culée*, c'est-à-dire la partie qui s'appuie sur chaque rive; — les *piles*, qui reposent sur le fond de la rivière et qui servent à supporter le pont; — les *arches*, généralement de forme arrondie ou elliptique, qui relient les piles ; — le *tablier*, qui forme la partie supérieure du pont, et sur lequel on établit la chaussée ; — enfin le *parapet*, sorte de petit mur ou de balustrade à hauteur d'appui, placé de chaque côté le long du tablier.

On donne le nom de *passerelle* à un petit pont accessible seulement aux piétons.

On nomme *pont suspendu* celui dont le tablier, au lieu de reposer sur des piles et des arches, est soutenu par un faisceau de fils métalliques.

2° *Ponts mobiles.* — Quand la distance entre le tablier et le niveau de l'eau est trop faible pour liver passage aux bateaux, on a recours aux *ponts tournants*, qui sont construits de façon à pouvoir exécuter un quart de révolution autour d'une de leurs extrémités.

Les *ponts de bateaux* sont ceux dont le tablier repose sur des bateaux solidement ancrés dans la rivière ; — les *ponts de pontons* sont ceux dont le tablier est supporté par des pontons ; — on appelle *pont volant* un pont formé d'une fraction de ponts de bateaux ou de pontons, amarré à un câble dont l'extrémité est fixée au milieu du cours d'eau : au moyen d'un gouvernail, on fait décrire à ce pont une demi-circonférence ayant pour rayon le câble, et on l'amène peu à peu en contact avec la rive opposée ; — on appelle *pont-levis* celui qui se lève ou s'abaisse à volonté, de façon à permettre d'établir ou d'interrompre les communications.

Les ponts ordinaires sont figurés sur les cartes

Fig. 19. — Pont.   Fig. 20. — Pont de bateaux.

par un double trait (fig. 19). — Les ponts de bateaux ont, en outre, de chaque côté, une dentelure
rappelant les extrémités des bateaux (fig. 20).

Bacs. — On nomme *bacs* des bateaux capables
de contenir des voitures et des chevaux, et qui
servent à passer l'eau ; à cet effet, un câble relie

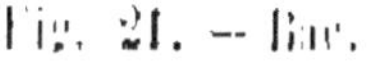

Fig. 21. — Bac.

Fig. 22. — Bac à traille.

le bac à chaque rive, et le passeur, en tirant sur
le câble, fait avancer le bateau (fig. 21). — Quelquefois, le câble est fixé à une certaine hauteur
au-dessus de l'eau et est relié au bac par une
poulie et un autre câble ; en donnant au bac une
obliquité convenable par rapport au courant, il
est forcé de traverser le cours d'eau, tandis que
la poulie roule sur le câble supérieur. Dans ce
cas, le bac est dit *à traille* (fig. 22).

Gués. — Enfin un dernier moyen de passer l'eau
est fourni par les *gués*. On appelle gué un endroit peu profond où l'on peut passer une rivière
sans perdre pied. Certains gués sont seulement
accessibles aux piétons ; d'autres peuvent livrer
passage aux voitures. On indique un gué sur une
carte au moyen d'une route aboutissant perpen-

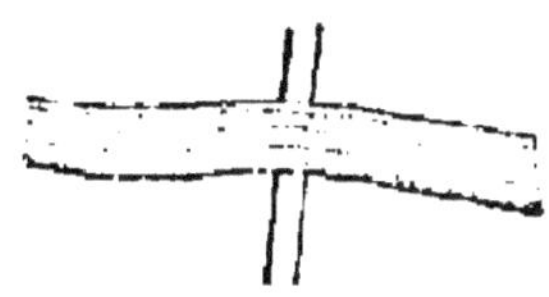

Fig. 23. — Gué.

diculairement à la rivière et reprenant de l'autre
côté (fig. 23).

22. — VOIES DE COMMUNICATION. — Ce sont
d'abord les fleuves et les rivières navigables, puis
les canaux que l'on a appelés avec juste raison
des chemins qui marchent. — Mais on désigne
plus particulièrement sous le nom de voies de
communication de longues bandes de terrain gar-
nies de pierres et bien unies, sur lesquelles les
hommes et les voitures peuvent circuler pour se
transporter d'un lieu dans un autre.

Les plus considérables de ces voies de communication sont les grandes routes ou *routes natio-
nales*, qui sont entretenues aux frais de l'État et
qui traversent une vaste étendue de territoire. —
Viennent ensuite les *routes départementales*, qui
sont moins importantes, puis les *chemins de grande
communication* et de *moyenne communication*,
les *chemins communaux* et enfin les *sentiers*,
qui ne sont accessibles qu'aux piétons.

Les grandes routes sont marquées sur les cartes au moyen de deux traits parrallèles, dont
l'un plus fort que l'autre (fig. 24). Sur la carte à
$\frac{1}{80.000}$, on est convenu de leur donner un écartement d'environ 0^m,0015. Évidemment, cet écartement est exagéré, car il correspondrait à une
largeur naturelle de 120 mètres ; mais on a été
amené à adopter cette convention par la nécessité
de bien faire ressortir les routes, qui sont un élément très important des cartes topographiques.
— Lorsque la route n'est qu'ouverte, le trait supérieur est seulement pointillé (fig. 25); — lorsqu'elle n'est que tracée, les deux traits sont
pointillés (fig. 26).

Les routes départementales sont figurées par
deux traits fins (fig. 27), également distants de
$0^m,0015$; — lorsqu'elles sont ouvertes, le trait supérieur est pointillé (fig. 28), et lorsqu'elles sont

Fig. 24. — Grande route.

Fig. 25. — Grande route
ouverte.

Fig. 26. — G⁺ᵉ route tracée.

Fig. 27. — Route départ⁺ᵉ.

Fig. 28. — Route départe-
mentale ouverte.

Fig. 29. — Route départe-
mentale tracée.

Fig. 30. — Chemin vicinal
de grande communication.

Fig. 31. — Chemin vicinal
de moyenne communic.

Fig. 32. — Ch. communal.

Fig. 33. — Sentier.

Fig. 34. — Voie romaine. —
Vestiges.

également tracées, les deux traits sont pointillés
(fig. 29).

Les chemins de grande communication sont
représentés par deux traits fins parallèles, distants d'environ 0^m001 (fig. 30) ; — les chemins de
moyenne communication, par un trait supérieur
et un trait inférieur pointillé (fig. 31) ; — les
chemins communaux, par un simple trait (fig. 32),
et les sentiers par un simple pointillé (fig. 33).

Les anciennes voies romaines sont figurées par
deux lignes pointillées avec l'indication : *vestiges*
(fig. 34).

Sur les routes de quelque importance, les dis-

tances sont indiquées par des *bornes* ou *poteau*
kilométriques placés sur le bord.

Souvent, afin d'éviter des pentes trop rapide:
on creuse une tranchée d'une certaine longueu
pour livrer passage à une route importante, e
sorte que son niveau se trouve en contre-bas de

Fig. 35. — Route en déblai.

terrains avoisinants : on dit alors que la rou
est *en déblai* (fig. 35, D); — si, au contraire, (
a dû rapporter des terres pour exhausser le sol (

Fig. 36. — Route en remblai.

la route, celui-ci se trouve alors plus élevé q
les terrains avoisinants, et la route est dite :
remblai (fig. 36, R); — enfin, quand une route e

Fig. 37. — Route en corniche.

construite sur les flancs d'une montagne, elle
trouve en déblai d'un côté, en remblai de l'autr
dans ce cas, on dit qu'elle est *en corniche*. (F
37 C.)

Quand une route est en remblai, on trace
chaque côté des hachures perpendiculaires à
route et s'amincissant à mesure qu'elles s'en

signent (fig. 38); — lorsqu'elle est en déblai, on borde également de hachures, mais disposées en sens inverse, c'est-à-dire s'amincissant à mesure qu'elles se rapprochent de la route (fig. 39); — enfin, lorsque la route est en corniche, on indique cette particularité par une combinaison des deux hachures précédentes (fig. 40).

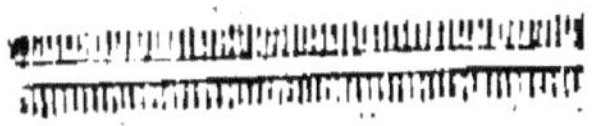

Fig. 38. — Route en remblai.

Fig. 39. — Route en déblai.

Fig. 40. — Route en corniche.

Lorsqu'une route est bordée d'arbres, on indique ceux-ci par leur projection horizontale, c'est-à-dire par de petits ronds ou par des points, suivant l'échelle (fig. 41 et 42).

Fig. 41. — Route bordée d'arbres.

Fig. 42. — Route bordée d'arbres.

On appelle *carrefour* le point de croisement de deux ou plusieurs routes.

Lorsqu'une route se bifurque en plusieurs directions partant d'un même point, ce point prend le nom de *patte d'oie*. — Lorsque plusieurs routes se rencontrent en un même point en formant deux à deux des angles égaux, on a une *étoile* : cette disposition se rencontre surtout dans les forêts. — Lorsque plusieurs routes se réunissent à un carrefour ayant la forme d'une place circulaire de grande dimension, cette place prend la dénomination de *rond-point*.

Les *chemins de fer* ou voies ferrées tiennent aussi une place importante parmi les voies de communication ; sur les cartes à grande échelle, on les représente par deux traits parallèles entre lesquels on trace des hachures perpendiculaires rappelant les traverses de bois qui garnissent la voie (fig. 43) ;— à l'échelle de $\frac{1}{80,000}$, on les représente rar un gros trait noir (fig. 44). — Comme les trains de chemins de fer ne peuvent que difficilement remonter les pentes, les voies ferrées sont établies de façon à être partout bien unies et à conserver à peu près le même niveau horizontal ; aussi sont-elles fréquemment en déblai ou en remblai. — Lorsqu'une ligne ferrée doit traverser une montagne, on creuse sous cette montagne, au niveau de la voie, une galerie souterraine qui livre passage aux trains : cette galerie prend le nom de *tunnel*.

Fig. 43. — Chemin de fer.

Fig. 44. — Chemin de fer.

Sur les cartes, on indique un tunnel en pointillant seulement la partie de la voie ferrée qui n'est pas à ciel ouvert (fig. 45).

Souvent lorsqu'une vallée est très profonde, au lieu de la franchir sur un remblai, on construit pour le passage des trains une sorte de pont très élevé appelé *viaduc* (fig. 46.) — Souvent

Fig. 45. — Tunnel.

Fig. 46. — Viaduc.

aussi, on remplace les viaducs ou les ponts à ciel ouvert par des *ponts tubulaires*, constructions métalliques très solides, qui ont la forme d'énormes tubes à section carrée ou rectangulaire et dont l'une des faces sert de tablier. Lorsque des ouvertures sont pratiquées dans les parois latérales et supérieure, le pont tubulaire est dit *treillisé*.

Quand une voie ferrée croise une route ordinaire au niveau du sol, le point de croisement prend le nom de *passage à niveau* (fig. 47. —

Fig. 47. — Passage à niveau.

Fig. 48. — Passage en dessus

Fig. 49. — Passage en dessous

Si la route passe au-dessus de la voie, le passage est dit *en dessus*, fig. 48; — si elle passe au-dessous, le passage est dit *en dessous* (fig. 49. — On emploie encore les expressions *pont sur rails* (fig. 48), et *pont sous rails* (fig. 49).

Le point où deux lignes de chemins de fer se séparent ou se réunissent s'appelle *bifurcation*.

Enfin on appelle *gares* ou *stations* les constructions élevées sur le bord de la voie dans les endroits où les trains s'arrêtent régulièrement pour prendre ou laisser des voyageurs et des marchandises.

Les tunnels, viaducs, ponts tubulaires ou autres sont désignés sous le nom général d'*ouvrages d'art*.

Aux voies de communication qui précèdent, il convient d'ajouter les *tramways* et les *lignes télégraphiques* qui ne sont généralement pas représentés sur les cartes.

24. — LIEUX HABITÉS; CONSTRUCTIONS. — Une *maison* isolée est représentée sur les cartes par le polygone que détermine sa projection horizontale ; l'intérieur de ce polygone est rempli par des ha-

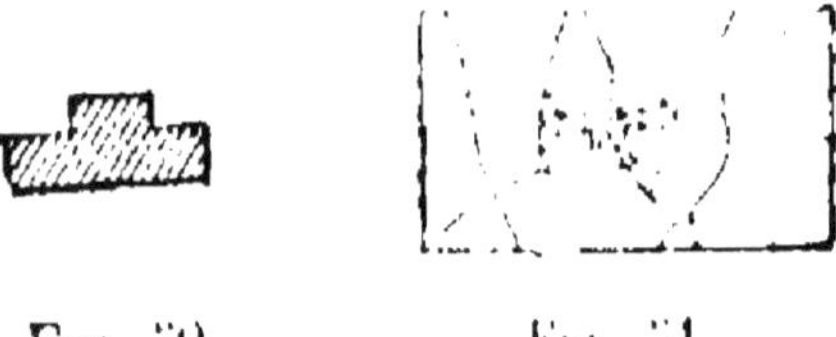

Fig. 50.   Fig. 51.

chures parallèles (fig. 50). — Un groupe de plusieurs maisons constitue un *hameau*. — Quand le groupe de maisons est plus important et possède une église, il prend le nom de *village* (fig. 51). — Quand le village renferme plusieurs rues, une place publique, quelques boutiques, un marché,

Fig. 52.

il devient un *bourg*. — Enfin, si le groupe d'habitations est très important et contient, en outre, des monuments, des boulevards, des promenades publiques, des rues alignées, il constitue une *ville.* Les villes sont ouvertes, fermées ou fortifiées. Une *ville fortifiée* est celle qui est entourée de remparts et d'ouvrages défensifs autour desquels se trouve la *zone de défense,* espace sur lequel il est interdit d'élever des constructions sans la permission de l'autorité militaire

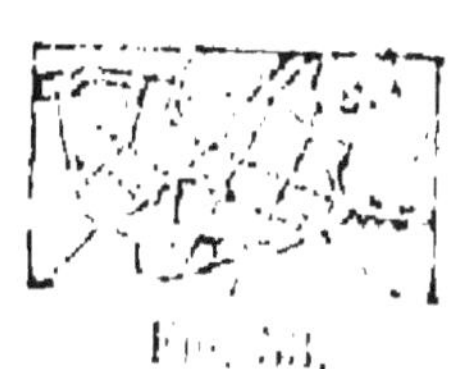

Fig. 53.
Ville fermée.

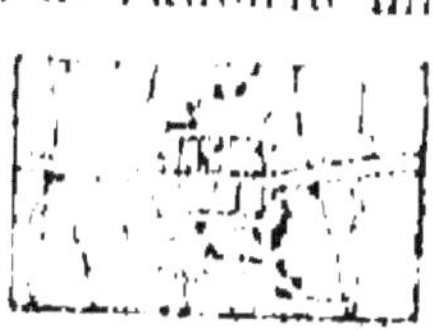

Fig. 54.
Ville ouverte.

(fig. 53.) — Une *ville fermée* est celle qui est entourée d'un simple mur d'enceinte (fig. 53); enfin, une *vil ouverte* est celle dont aucun mur ni rempart ne fixe les limites et dont les constructions peuvent s'étendre à volonté sur la campagne environnante (fig. 54.)

Fig. 56.
Ligne de
retranchements.

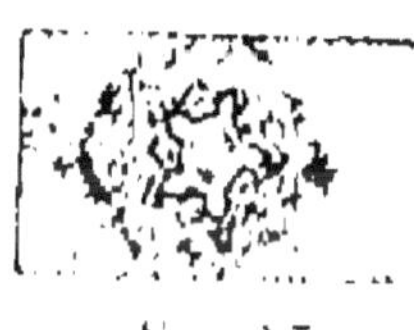

Fig. 57,
Fort.

Fig. 58,
Redoute.

Dans la catégorie des constructions et lieux habités rentrent également les édifices suivants: *château, église, temple, chapelle, mosquée* (temple musulman), *marabout* (tombeau d'un musulman célèbre), *ferme, habitation (nom par lequel on désigne une ferme dans certaines contrées, cense, métairie, chalet; briqueterie, verrerie, fabrique, usine, manufacture, fonderie, forge, scierie; télégraphe, phare, monlin à vent, moulin à eau; *tour*, *ruine*. Voir le tableau suivant :

Château.. Métairie.. Fonderie.....

Eglise.... Borde.... Forge........

Temple.. Cense.... Scierie......

Chapelle.. Chalet... Télégraphe..

Mosquée.. Briqueter Phare.......

Marabout. Tuilerie.. Moulin à vent.

Gare..... Fabrique. Moulin à eau..

Station... Usine.... Tour........

Ferme... Manufact. Ruine, etc...

Fig. 55. — Signes conventionnels.

Les lignes de retranchemens sont des ouvrages de fortification passagère, destinés à renforcer des positions et généralement construits en terre. On les représente par des traits noirs un peu accentués (fig. 56). — On représente ainsi les *forts* (fig. 57), *redoutes* (fig. 58) ; — *batteries* (fig. 59).

Fig. 59. Fig. 60. Fig. 61.
Batterie. Croix. Calvaire.

Une *borne* ou un *poteau* sont indiqués par un point à coté duquel on inscrit la désignation borne ou poteau, avec son numéro kilométrique.

Les figures 60 et 61 indiquent le mode de représentation d'une *croix* et d'un *calvaire*.

Enfin, on donne le nom de *signaux géodésiques* ou *points trigonométriques* à certains points remarquables du terrain dont on s'est servi pour faire la triangulation d'un pays, et qui sont marqués sur la carte par des points entourés, soit d'un petit triangle, s'il s'agit d'un signal quelconque, soit d'un petit cercle, si ce signal est un clocher; à côté, se trouve un chiffre indiquant la cote, c'est-à-dire la hauteur du pied du signal au-dessus du niveau de la mer, ou, ce qui revient au même, au-dessus du plan de comparaison (fig. 62).

25. — CULTURES; TERRAINS BOISÉS ET DÉTAILS DU SOL. — Sur les cartes topographiques, les *terres labourables* sont laissées en blanc, quant aux *prairies, vignes, vergers, jardins*, ils sont représentés par des signes conventionnels qui figurent, jusqu'à un certain point, la projection horizontale de la végétation. — Les vignes sont indiquées par de petits points, représentant la projection horizontale des échalas (fig. 63); — les prés, prairies et pâturages, par des hachures tremblées (fig. 64); — les vergers, par de gros points, re-

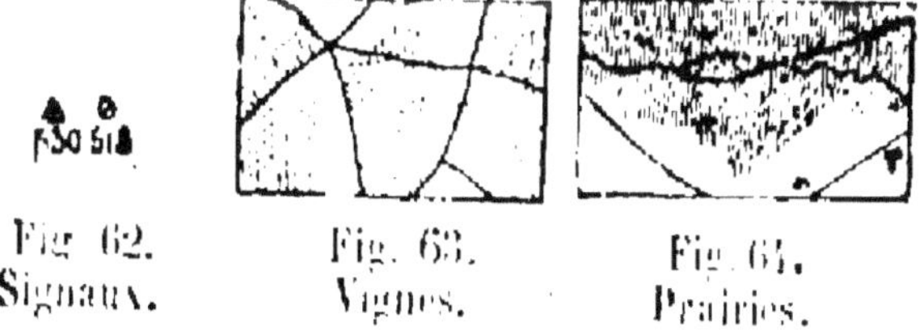

Fig. 62.
Signaux.

Fig. 63.
Vignes.

Fig. 64.
Prairies.

présentant les arbres (fig. 65); — les parcs et jardins, par de petits carrés aux quatre coins desquels on place un petit point rond, représentant un arbre (fig. 66); — les clôtures en pierres

sont représentées par des traits un peu gros fig.
67 ; — celles en levées de terre, par des traits
fins fig. 68 ; — celles en fossés, par des traits

Fig. 65.　　　　　Fig. 66.　　　　　Fig. 67.
Vergers.　　　　　Jardins.　　　Clôtures en pierres.

ponctués fig. 69 ; celles en haies, par un petit
dessin, figurant la projection horizontale des
haies fig. 70 ; — les *bois* et *forêts* sont indiqués
par un grand nombre de petits cercles très rap-

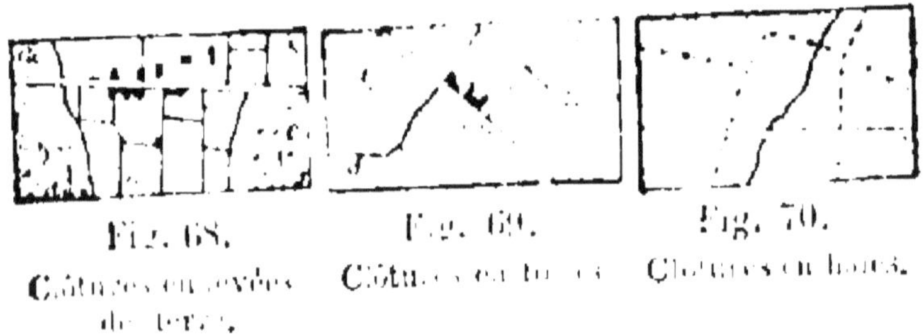

Fig. 68.　　　　　Fig. 69.　　　　　Fig. 70.
Clôtures en levées　Clôtures en fossés.　Clôtures en haies.
de terre.

prochés qui représentent, en quelque sorte, la
projection horizontale des arbres (fig. 71).

Lorsque les arbres qui composent un bois atteignent une grande élévation, le bois est dit de
haute futaie ; dans le cas contraire, il prend le
nom de *taillis*. On donne le nom d'*éclaircie* à
une partie du bois ou de la forêt où les arbres
sont plus rares ; — on appelle *clairière* une étendue
de terrain où les arbres font complètement défaut,
mais qui est entourée de toutes parts par la forêt ;
— la *lisière* de la forêt est la ligne polygonale
qui limite l'étendue de terrain couverte de bois.

— Les arbres isolés sont représentés par de petits ronds ou de simples points, suivant l'échelle de la carte ; — les *buissons*, *bruyères*, *broussailles*, *friches*, par des signes conventionnels rappelant l'aspect du terrain (fig. 72 ; — les *landes* et les *dunes*, qui sont des amas de sables, sont figurés

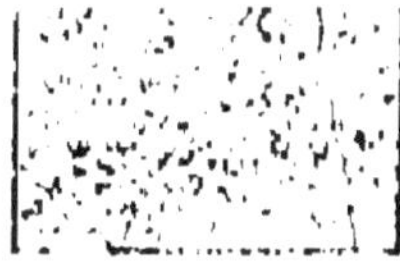

Fig. 71. — Bois.   Fig. 72.   Bruyères.

par des points très rapprochés (fig. 73) : — on donne le nom de *galets* à des pierres roulées et polies par les vagues, que l'on rencontre sur certaines côtes ; — une carrière est une excavation du sol produite par suite d'extraction de pierres ou de sable ; — une *fondrière* est une excavation naturelle provenant de l'affaissement du terrain en un point donné ; — un *escarpement* est une pente très forte produite ordinairement par un éboulement des terres ; — on donne le nom d'*arrachements* à de petits escarpements échelonnés le long d'une pente ; — on appelle *falaises* les rochers escarpés qui bordent la mer en certains endroits ; — les *rochers* ont représentés par un petit dessin reproduisant autant que possible leur projection horinzontale (fig. 74).

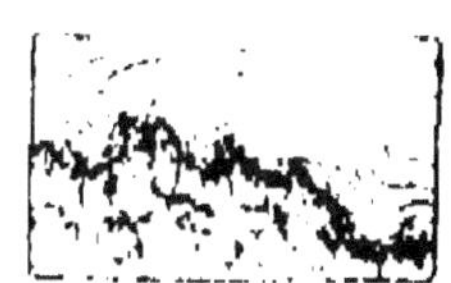

Fig. 73. — Dunes.   Fig. 74. — Rochers.

26. — TEINTES CONVENTIONNELLES. — Souvent, les cartes manuscrites sont teintées au pinceau de façon à en rendre la lecture plus facile. Les *teintes conventionnelles* adoptées pour représenter les diverses parties du terrain rappellent, en général, la couleur du sol ou des objets qui se trouvent à sa surface. — Ces teintes sont les suivantes :

1° *Terres labourables*. — Teinte chamois très légère, composée de terre de Sienne brûlée et d'un peu d'encre de Chine ;

2° *Vignes*. — Teinte violette pâle formée de bleu indigo et de carmin ;

3° *Prairies naturelles*. — Teinte verte bleuâtre très légère, composée de bleu de Prusse et d'un peu de gomme-gutte ;

4° *Vergers*. — Teinte verte contenant parties égales de bleu de Prusse et de gomme-gutte ;

5° *Bois*. — Teinte jaune verdâtre assez intense obtenue comme la précédente, mais avec un peu plus de gomme-gutte que de bleu de Prusse ;

6° *Eaux douces*. — Teinte bleue très pâle renforcée sur les bords et préparée avec du bleu de Prusse ;

7° *Eaux de mer*. — Teinte bleue verdâtre légère composée de bleu de Prusse et d'une petite quantité de gomme-gutte ;

8° *Sables*. — Teinte jaune orangée se rapprochant de la couleur de la brique, et formée de carmin et gomme-gutte ;

9° *Friches.* — Teinte panachée de sables et de vergers (1) ;

10° *Broussailles.* — Teinte panachée de bois et de prairies naturelles ;

11° *Bruyères.* — Teinte panachée de prairies naturelles et de carmin pâle ;

12° *Marais.* — Teinte de prairies naturelles avec flaques de bleu pâle dégradées ;

13° *Eaux courantes.* — Mélange de teintes d'eaux douces et de sable, renforcées sur les bords. — Pour figurer les graviers, on passe une teinte de sables que l'on recouvre ensuite avec une plume de points à la sépia ;

14° *Rochers.* — On fait à la plume un petit dessin représentant autant que possible leur projection horizontale, et on recouvre ce dessin de teintes variées : gris-bleu, sables, carmin, vert, sépia ;

15° *Mer; vases.* — Les vases sont figurées par une teinte pâle à la sépia, s'étendant jusqu'à la laisse de basse mer, où les teintes doivent être un peu renforcées ; — la laisse de haute mer est représentée par un liseré bleu-verdâtre ;

---

(1) Les teintes panachées se font rapidement avec deux pinceaux chargés des deux couleurs nécessaires. Les deux teintes ne sont pas disposées régulièrement, mais seulement de façon à couvrir des superficies égales, sans que l'une plutôt que l'autre paraisse former le fond du dessin. Les bords des teintes employées se fondent naturellement l'un dans l'autre.

16° *Falaises ; Galets.* — Les falaises sont représentées par des rochers et une teinte d'eau de mer ; les rochers qui sont recouverts par les marées sont teintés à l'eau de mer avec un peu de sable ; — enfin, les galets sont dessinés à la plume et recouverts d'une teinte de sable un peu terne ;

17° *Constructions.* — Les maçonneries, en général, sont teintées au carmin ;

18° *Courbes de niveau.* — Les courbes de niveau et les talus sont figurés par de la sépia.

Remarque. — Dans les travaux de révision de la carte de France, on se sert du rouge pour les objets à ajouter et du jaune pour ceux à effacer.

27. — SIGNES CONVENTIONNELS ADMINISTRATIFS. — Outre la description physique, une carte doit également indiquer les divisions politiques ou administratives du pays qu'elle représente. A cet effet, le Dépôt de la Guerre a adopté certains signes conventionnels pour représenter la limite de la France et des États voisins (fig. 75) ; — celles des départements (fig. 76) ; — des arrondissements (fig. 77) ; — des cantons (fig. 78), — et des communes (fig. 79). — En outre, les villes chefs-lieux de préfecture sont indiquées par un petit cadre rectangulaire, contenant les lettres P F. et placé à côté du nom de la ville (fig. 80) ; — les chefs-lieux de sous-préfecture, par un petit cadre en forme de losange, contenant les lettres S P (fig. 81) ; — et les chefs-lieux de canton, par un petit cadre ovale, contenant les lettres C T (fig. 82).

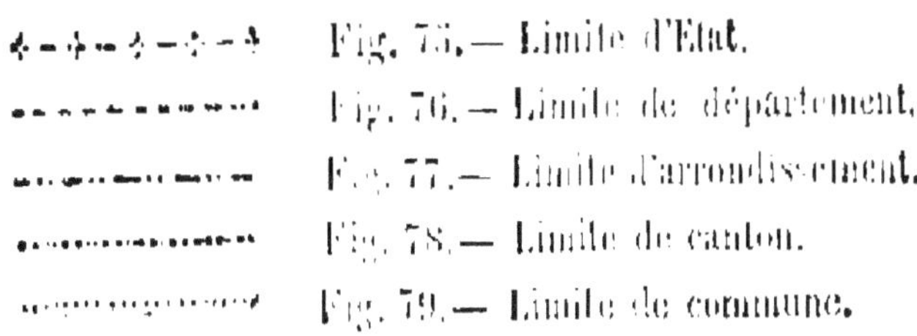

Fig. 75. — Limite d'État.

Fig. 76. — Limite de département.

Fig. 77. — Limite d'arrondissement.

Fig. 78. — Limite de canton.

Fig. 79. — Limite de commune.

Fig. 80.
Préfecture.

Fig. 81.
Sous-préfecture

Fig. 82.
Canton.

28. — ÉCRITURES. — Les *écritures* constituent le complément indispensable d'une carte topographique. Elles servent à indiquer le nom des divers accidents et objets qui couvrent le terrain, et, par leur grosseur, à faire connaître l'importance relative des lieux ou objets désignés. Cinq genres d'écritures ont été adoptés par le Dépôt de la Guerre. Ce sont : les *capitales droite* (fig. 83) ; — les *capitales penchées* (fig. 84) ; — les *romaines droites* (fig. 85) ; — les *romaines penchées* (fig. 86) ; — et les *italiques* (fig. 87). — L'épaisseur du gros trait est de 1/7 de la hauteur de l'écriture pour les capitales, de 1/6 pour les romaines, et de 1/7 pour les italiques.

Les mots sont, en général, écrits parallèlement au côté inférieur du cadre de la carte ; pour les routes et les cours d'eau, le nom est écrit parallèlement à leur sens, et de telle façon qu'on puisse le lire sans être obligé de retourner la carte.

CAPITALES. Romaines.
Fig. 83. Fig. 85. *Italiques.*

CAPITALES. *Romaines.*
Fig. 84. Fig. 86. Fig. 87.

29. — ABRÉVIATIONS. — Nous donnons ci-après la liste des principales *abréviations* que l'on rencontre sur les cartes topographiques:

Abrév.	Signification	Abrév.	Signification	Abrév.	Signification
Abbe	Abbaye	Chlle	Chapelle	Fne	Fontaine
Aigle	Aiguille	Chau	Château	Ft	Forêt
Aque	Aqueduc	Chee	Chaussées	Fge	Forge
Arb.	Arbre	Chn	Chemin	Ft	Fort
Aubge	Auberge	Chee	Cheminée	Gler	Glacier
Bqe	Baraque	Cimre	Cimetière	Gge	Gorge
Bau	Bazin	Cit le	Citadelle	Gd	Grand
Bre	Barrière	Colombr	Colombier	Gge	Grange
Bin	Bassin	Cal	Cortal	Habt	Habert
Bde	Bastide	Couvt	Couvent	Hau	Hameau
Batie	Batterie	Crx	Croix	I	Ile
Be	Bergerie	Dig.	Digue	Jse	Jasse
B	Bois	Dome	Domaine	Jée	Jetée
Bde	Borde	Dne	Douane	K	Ker
Bche	Bouche	E. min.	E. minérale	L	Lac
Brique	Briqueterie	Ece	Ecluse	Lag.	Lagune
Boa	Buisson	Ecie	Ecurie	Ld	Lande
Bon	Buron	Egse	Eglise	Lte	Lette
Cne	Cabane	Embre	Embarcre	Lorre	Loradure
Cabet	Cabaret	Embure	Embouchre	Mon	Maison
Cal	Canal	Etabat	Etablissemt	Malrie	Maladreri
C.	Cap	E g	Etang	Manufre	Manufact.
Carref	Carrefour	Ete	Etoile	Ms	Marais
Carre	Carrière	Fbe	Fabrique	M	Mas
Cayr	Cayolar	Fbg	Faubourg	Métie	Métairie
Cse	Cense	Fme	Ferme	Mt	Mont
Chne	Chaine	Fl	Fleuve	Mgne	Montagne
Chet	Châlet	Frie	Fonderie	Mln	Moulin

N-D	Notre-D.	Qr	Quartier	Sém	Sémaphore
Oy	Ory	Rau	Radeau	Sal	Signal
Papie	Papeterie	Rede	Redoute	Somt	Sommet
P	Parc à best.	Rise	Remise	Ston	Station
Pge	Passage	Retret	Retranchmt	Télég	Télégraphe
Pon	Pavillon	R	Rivière	Tnt	Torrent
Pt	Petit	Rer	Rocher	Tr	Tour
Ph	Phare	Roubine	Roubine	Tie	Tuilerie
P	Pie	Rte	Route	Use	Usine
Plau	Plateau	Rte Dle	Route Dép	Vacie	Vacherie
Pte	Pointe	Rte Nat	Route Nat	Vee	Vallée
Pt	Pont	Rau	Ruisseau	Von	Vallon
Pt	Pont	Sal	Saline	Vrie	Verrerie
Pte	Porte	Salpie	Salpetrerie	Vx	Vieux
Pte de Dne	Poste de douane	Sapie	Sapinière	Ver	Vivier.
Poudie	Poudrerie	Scie	Scierie		

30. — SIGNES CONVENTIONNELS MILITAIRES. —

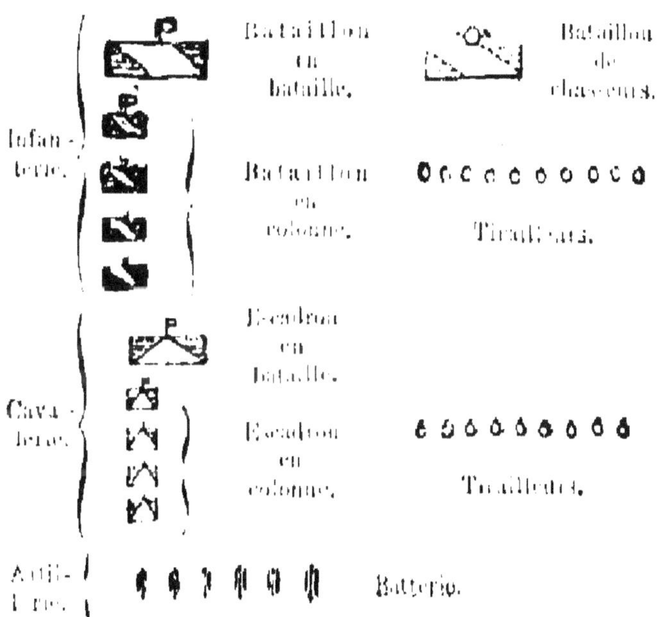

Fig 88.

Lorsqu'on a à dresser le plan d'un champ de bataille, il est nécessaire d'indiquer les positions des différents corps de troupe qui ont pris part à l'engagement ; à cet effet, on a adopté les signes conventionnels précédents (fig. 88).

ÉTUDE ET FIGURÉ

DES

FORMES DU TERRAIN

34. — Définitions. — On appelle *pente* d'une ligne le rapport de la différence de niveau de deux de ses points à leur distance horizontale, c'est-à-dire à la projection horizontale de la portion de la droite comprise entre ces deux points. Ainsi, soit A B (fig. 89) une droite quelconque, A C sa projection horizontale, la pente de la droite A B sera exprimée par le rapport $\frac{BC}{AC}$, ou, ce qui revient au même, par la tangente trigonométrique de l'angle B A C. Dans le cas particulier où B C = A C, la pente est égale à l'unité. La *ligne de plus grande pente* d'un plan est la droite perpendiculaire à toutes les horizontales de ce plan. La pente de cette droite mesure la pente du plan. Une bille glissant sur un plan incliné parcourt la ligne de plus grande pente de ce plan. — La pente d'un terrain est égale à celle de sa ligne de plus grande pente. Une goutte d'eau glissant sur un terrain suivrait sa ligne de plus grande pente.

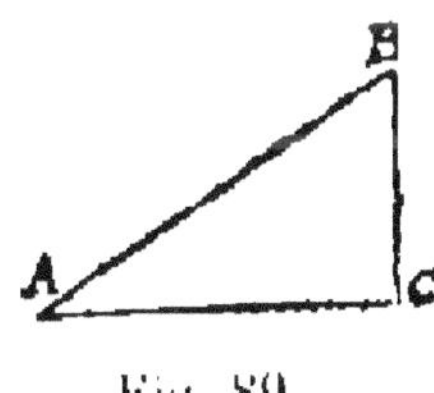

Fig. 89.

En général, on appelle *cote* d'un point par rapport à un plan la distance verticale de ce point 'au plan donné, c'est-à-dire la longueur de la perpendiculaire abaissée du point sur le plan. En topographie, on entend plus particulièrement par cote d'un point la hauteur de ce point au-dessus du plan de comparaison adopté.

L'*altitude* d'un point est la hauteur absolue de ce point au-dessus du niveau moyen de la mer. Lorsque le plan de comparaison adopté est tangent au niveau de la mer, l'altitude et la cote d'un point sont exprimées par le même nombre.

On nomme *relief* d'un point par rapport à un autre la différence des cotes de ces deux points. Ainsi, soit A un point dont la cote est 270 mètres, et B un autre dont la cote est 310 mètres : on dira que le relief du point B par rapport au point A est de 40 mètres. — Dans le cas particulier où les deux points sont visibles l'un de l'autre, le relief prend spécialement le nom de *commandement*.

Le *nivellement* est la partie de la topographie qui traite des méthodes employées pour déterminer les cotes des divers points d'un terrain : c'est une application de la géométrie des plans cotés.

32. — FORMES DIVERSES QU'AFFECTE LE TERRAIN. — Les différentes parties de la surface terrestre sont loin d'offrir toutes le même aspect. Les unes sont à peu près horizontales et unies, et constituent les *plaines* ; — d'autres forment des saillies plus ou moins considérables au-dessus du pays environnant : ce sont les *montagnes*, les *collines* ; — d'autres enfin se présentent sous forme de vastes dépressions et prennent le nom de *vallées*.

La conséquence immédiate de ce qui précède, c'est que les divers points de la surface du sol sont situés à des hauteurs très variables.

En géométrie descriptive, on a l'habitude de représenter les différents points de l'espace par leurs projections sur un plan horizontal et sur un plan vertical. Mais, pour les cartes topographiques, on a dû renoncer à ce mode de représentation parce que le plan horizontal serait seul parfaitement lisible, tandis qu'il régnerait une confusion inextricable dans le plan vertical : en effet, les mouvements du sol étant, en général, relativement peu accentués, les projections verticales seraient, pour ainsi dire, les unes sur les autres et la plupart en traits pointillés. La lecture de la carte serait donc très difficile pour ne pas dire impossible. C'est pourquoi on a adopté la méthode des plans cotés, qui ne fait usage que du plan horizontal, sur lequel on projette les principaux points du terrain, en indiquant leurs cotes par un chiffre placé à côté des différentes projections. Seulement, ce nouveau procédé offre un inconvénient très grave, car, si l'on veut avoir une carte très complète, il faut projeter un très grand nombre de points, ce qui couvre la carte de chiffres et la rend très confuse. — L'emploi des *courbes de niveau* permet de tourner la difficulté et de construire des cartes très claires quoique très complètes.

33. — COURBES DE NIVEAU OU COURBES HYPSOMÉTRIQUES. — On donne ce nom à des courbes qui réunissent tous les points ayant même cote, ce qui permet de n'inscrire qu'une seule fois la cote en un endroit quelconque de la courbe et

simplifie beaucoup la carte. Soit (fig. 90) à construire la projection d'une montagne sur le plan

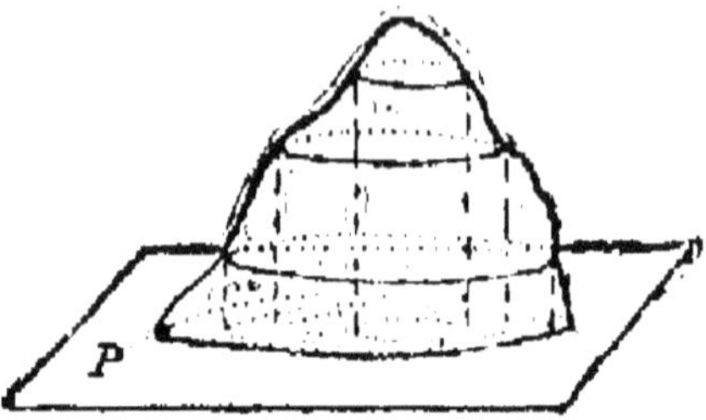

Fig. 90. — Courbes de niveau.

de comparaison P. Au lieu de projeter au hasard les différents points, supposons cette montagne coupée à diverses hauteurs par des plans
horizontaux, et projetons les courbes d'intersection qu'ils déterminent ; — ou bien encore ad-
mettons pour un instant que cette montagne se
trouve entièrement recouverte par une inondation
et considérons le moment où l'eau, en se retirant,
découvre successivement le sommet, puis les
flancs de la montagne et enfin la vallée elle-même :
à chaque niveau successif qu'elle occupe, l'eau
dessine des courbes hypsométriques qui, par leurs
contours, leurs inflexions et leurs sinuosités,
décrivent les diverses formes
du terrain ; supposons ces diverses courbes projetées sur le
plan de comparaison ; — chaque courbe ainsi obtenue en
projection représentera le lieu
géométrique de tous les points
de la montagne dont la cote
est égale à la distance du plan

Fig. 91.
Courbes de niveau

de comparaison au plan horizontal correspondant
dans la première hypothèse, ou au niveau corres-

pondant de l'eau dans la seconde, et il suffira d'inscrire une seule fois la cote auprès de chaque courbe (fig. 91). — Tel est le système des courbes de niveau.

34. — Équidistance naturelle et équidistance graphique. — Nous avons vu (31) qu'on appelle pente d'une droite le rapport de la différence de niveau de deux de ses points à leur distance horizontale. Soit v la différence de niveau, h, la distance horizontale de deux points, la pente sera exprimée par la fraction $\frac{v}{h}$. La différence de niveau v, de deux courbes de niveau données est constante; par conséquent, la pente du terrain est en raison inverse de h, c'est-à-dire de la longueur de la projection de la ligne de plus grande pente qui va d'une courbe à l'autre. Il s'ensuit que, plus les courbes sont rapprochées en projection, plus la pente est considérable; plus elles sont écartées, plus la pente est faible. — Si, d'autre part, on a eu soin de choisir des courbes de niveau également étagées, il est clair que, sur toute l'étendue de la carte, la pente entre deux courbes consécutives quelconques sera en raison inverse de h, le numérateur v de la fraction restant constant. Dans ce cas, il sera facile de comparer entre elles les pentes en deux endroits quelconques du terrain, d'après l'écartement plus ou moins prononcé des courbes de la carte. — Cette propriété que présentent les courbes étagées régulièrement les unes au-dessus des autres est très précieuse : aussi a-t-on adopté cette convention pour la construction des cartes topographiques.

La distance constante entre deux courbes de

niveau consécutives quelconques se nomme *équi-distance naturelle*.

On appelle *équidistance graphique* le quotient de l'équidistance naturelle par le dénominateur de l'échelle de la carte. Soit 20^m l'équidistance naturelle et $\frac{1}{80,000}$ l'échelle de la carte, l'équidistance graphique sera égale à $\frac{20^m}{80,000} = 0^m,00025$ ou 1/4 de millimètre.

L'équidistance étant constante sur une carte, les cotes des courbes successives croissent en progression arithmétique, et il suffit d'inscrire deux cotes consécutives pour qu'on puisse aisément déterminer toutes les autres.

35. **Loi de la constance de l'équidistance graphique.** — Entre deux courbes de niveau consécutives, on admet que la pente est régulière : ce n'est pas rigoureusement exact, mais si les courbes sont suffisamment rapprochées, on peut le faire sans erreur appréciable. On a adopté pour toutes les cartes une équidistance graphique de $0^m,00025$, c'est-à-dire un quart de millimètre : c'est à cette convention que l'on a donné le nom de *loi de la constance de l'équidistance graphique.* — L'équidistance graphique étant fixe, l'équidistance naturelle pour chaque carte dépend du dénominateur de l'échelle et varie avec lui. Ainsi soit $\frac{1}{80,000}$ l'échelle, l'équidistance naturelle sera $0^m,00025 \times 80,000 = 20^m$. Plus le dénominateur de l'échelle sera grand, plus l'équidistance naturelle sera considérable, et inversement.

Dans les pays de plaines, où la pente est nulle ou à peu près, les courbes de niveau sont très

éloignées les unes des autres, **et il pourrait y**
avoir des plis de terrain relativement importants
entre deux courbes successives. Dans ce cas, on
trace des courbes intermédiaires pointillées, dont
l'équidistance graphique devient 0ᵐ,00125 ou
1/8 de millimètre (fig. 92). — Dans les contrées

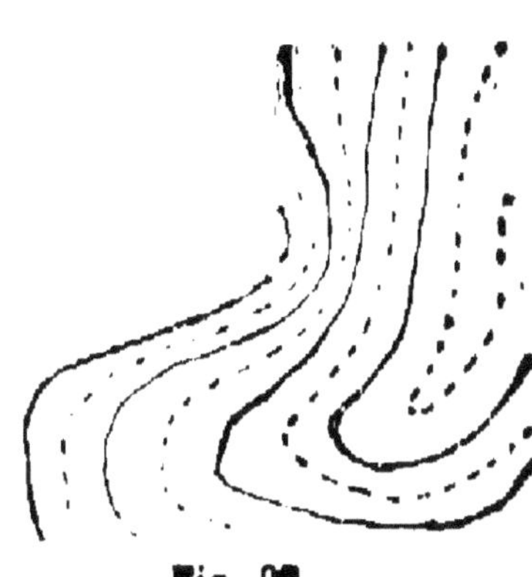

Fig. 92.

montagneuses, au contraire, les pentes étant rapides, les courbes se resserrent et tendent parfois à
se confondre. Dans ce cas, on supprime une courbe
sur deux, et l'équidistance graphique devient
0ᵐ,0005 ou 1/2 millimètre.

De quatre en quatre courbes, on trace, en traits
plus accentués, des *courbes principales* ou *courbes
maîtresses* (fig. 93). — L'équidistance graphique

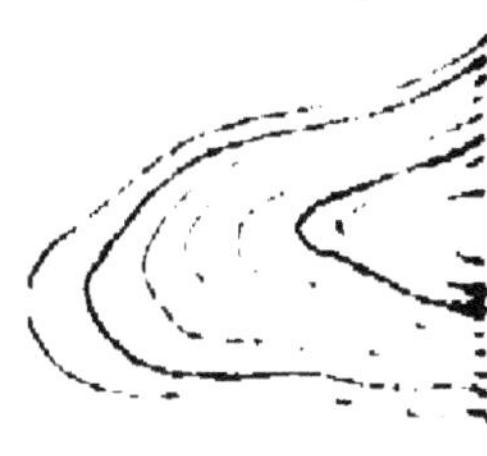

Fig. 93.

entre deux courbes principales consécutives est
0ᵐ,001.

36. — PROBLÈME. — *Étant donné un point situé entre deux courbes de niveau, déterminer sa cote.* Soit (fig. 94). A A' B B' les deux courbes de niveau correspondant, par exemple, à 20ᵐ et 30ᵐ, et P le point intermédiaire dont il s'agit de trouver la cote. Par le point P, on mène une normale A B aux deux courbes : cette normale représente la ligne de plus grande pente du terrain, et, comme les deux courbes sont peu éloignées, cette pente peut être considérée comme régulière. Par le point A, menons une oblique quelconque A C sur laquelle

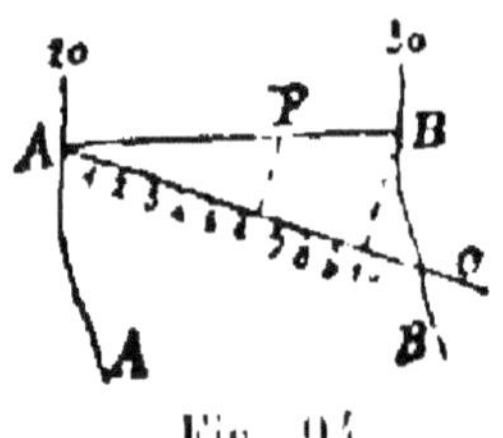

Fig. 94.

nous portons 10 longueurs égales correspondant chacune à 1 mètre. Joignons le point 10 au point B, et, par le point P, menons une parallèle à B 10. Cette parallèle rencontrant A C entre 6 et 7, soit au point 6, 2, il en résulte que la cote du point P sera égale à celle du point A, plus 6ᵐ2, soit 26ᵐ2.

37. — PROBLÈME. — *Trouver la position d'un point donné par sa cote.* Soit (fig. 95). A A', B B' deux courbes de niveau cotées, par exemple, 60ᵐ et 65ᵐ, A B une normale quelconque à ces deux courbes, et soit à déterminer entre elles la position d'un point coté

Fig. 95.

64ᵐ. A partir du point A, menons une oblique quelconque A C sur laquelle nous porterons 5 longueurs égales correspondant chacune à 1 mètre. Joignons le point 5 au point B, et, par le point 4, menons une parallèle à B 5 : elle rencontre A B en un point P qui est la projection cherchée;

en effet la cote de ce point est égale à celle du point A plus 4ᵐ, soit 64ᵐ.

En déterminant par cette méthode, entre A A' et B B', un certain nombre de points ayant même cote 64ᵐ, et joignant tous ces points par un trait continu, on obtiendrait la courbe de niveau contenant tous les points du terrain cotés 64ᵐ.

38. — Hachures. — Souvent, on emploie les *hachures* au lieu des courbes pour figurer sur les cartes les mouvements du terrain. On appelle hachure la projection de la ligne de plus grande pente entre deux courbes de niveau.

Pour la construction des hachures sur une carte, on admet l'hypothèse de la lumière zénithale, c'est-à-dire que l'on suppose le pays éclairé par une source lumineuse placée au zénith. La conséquence de cette hypothèse est que les diverses parties du terrain seront plus ou moins éclairées suivant leur inclinaison. Ainsi, les surfaces horizontales, c'est-à-dire les plaines, seront complètement éclairées, tandis que les surfaces verticales, c'est-à-dire les escarpements, ne le seront pas du tout ; les surfaces inclinées seront plus ou moins sombres, suivant que leurs pentes seront plus ou moins accentuées. Par conséquent, les pentes rapides seront représentées sur la carte par des hachures très serrées, tandis que les pays de plaines seront figurés par le papier laissé blanc. Mais, pour que les hachures soient exécutées d'une façon régulière et puissent donner une idée exacte du relief du terrain, il est nécessaire qu'elles remplissent certaines conditions que nous allons examiner.

39. — Loi du quart. — Soient deux courbes de

niveau cotées, par exemple, 30 et 40 (fig. 96). Menons une normale quelconque A B à ces deux courbes, puis, sur une courbe intermédiaire, portons une longueur égale à A B, et, par le point ainsi obtenu, menons une nouvelle normale A' B' aux

Fig. 96. — Loi du quart.

deux courbes : nous aurons ainsi sensiblement un carré. Partageons le carré en deux parties égales par une parallèle à A B, puis chaque moitié encore en deux, par de nouvelles parallèles. Exécutons la même construction sur A' B' et ainsi de suite. La distance entre deux hachures consécutives est égale au quart de la longueur de ces hachures : c'est ce qui a fait donner à ce procédé le nom de *loi du quart*.

La loi du quart est surtout employée pour les cartes faites à la main.

Il est évident que, plus les courbes sont éloignées, plus les hachures sont écartées, et que, plus les courbes sont resserrées, plus les hachures sont rapprochées. La carte se trouve donc d'autant plus teintée que la pente est plus rapide ; par conséquent, la loi du quart répond parfaitement à l'hypothèse de la lumière zénithale.

40. — LOI DU DIAPASON. — Cette loi, qui est de pure convention et qui ne repose sur aucune donnée précise, a été établie à la suite des travaux d'une commission instituée en 1828 pour étudier le meilleur moyen d'exprimer sur les

cartes les reliefs du terrain. Comme la précédente, elle satisfait à la condition de teinter le papier d'autant plus que la pente est plus rapide. Elle établit ce principe que les hachures doivent être espacées de façon que le rapport de la quantité de noir à la quantité de blanc soit égal à $\frac{3}{2}$ de la pente, c'est-à-dire, en appelant p la pente $\frac{\text{Noir}}{\text{Blanc}} = \frac{3}{2} p$. Plus la pente augmente, plus la fraction augmente, et, par suite, la quantité de noir.

Nous savons (31) que la pente d'un terrain est égale à la tangente trigonométrique de l'angle formé par sa ligne de plus grande pente et par la projection horizontale de celle-ci. Soit α cet angle : on aura $p = tg\ \alpha$, et, par suite,

$$\frac{\text{Noir}}{\text{Blanc}} = \frac{3}{2}\ tg\ \alpha.$$

Quand le terrain est horizontal, on a $tg\ \alpha = o$: alors la pente est nulle, et, comme il n'y a plus de lignes de plus grande pente, il n'y a pas lieu de tracer des hachures. — Quand $tg\ \alpha = \frac{2}{3}$, le rapport devient égal à 1, et il y a autant de noir que de blanc. — Quand $tg\ \alpha = 1$, le rapport reste égal à $\frac{3}{2}$: alors le noir et le blanc sont dans la proportion de 3 à 2, et ainsi de suite.

On donne le nom de diapason à un petit modèle servant de guide pour l'exécution des hachures correspondant aux diverses pentes. Le Dépôt de la Guerre emploie une feuille de papier échancrée comme le montre la figure 97. En haut des échancrures se trouvent les types des différentes hachures qui conviennent pour les diverses pentes $p\ p'\ p''\ p'''$.... Les petites flèches A B, A'B', A"B",

A''' B'''.... indiquent les écartements des courbes de niveau qui correspondent aux hachures placées au-dessus. Pour faire usage de ce diapason, l'artiste le pose sur son dessin, de façon que les deux flèches soient tangentes aux deux courbes entre lesquelles il dessine, et il n'a qu'à prolonger les

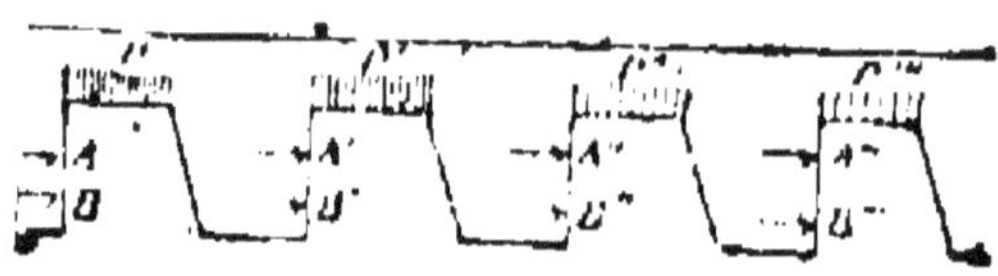

Fig. 97. — Diapason.

hachures dont le type est placé au-dessus. Lorsque la pente varie, il déplace le diapason et cherche deux autres flèches dont l'écartement soit égal au nouvel écartement des deux courbes, et se conforme au type de hachures correspondant.

**41. — LOI DU GROSSISSEMENT. — Lorsque les courbes de niveau sont très voisines, la pente étant très rapide, les hachures devraient être très serrées et il serait à craindre que les traits ne se confondissent et n'eussent l'apparence d'une tache. Aussi, quand les courbes se rapprochent à plus de $0^m,002$, modifie-t-on la convention adoptée; dans ce cas, on espace un peu plus les hachures en les faisant plus fortes. Cette nouvelle convention prend le nom de *loi du grossissement*.

Remarque. — Quand on se sert des hachures pour exprimer le relief du terrain, il est d'usage de ne pas laisser subsister les courbes de niveau; on les efface dès que les hachures sont terminées.

**42. — QUALITÉS QUE DOIVENT PRÉSENTER LES HACHURES. — Pour qu'une carte topographique

soit bien réussie, il est indispensable que les hachures remplissent certaines conditions d'exécution que nous allons résumer ici :

1° Les hachures étant les projections des lignes
de plus grande pente du terrain, elles doivent
toujours être normales aux deux courbes entre
lesquelles elles sont tracées ;

2° La pente étant regardée comme régulière
entre deux courbes consécutives, les hachures
doivent être tracées d'un trait ferme et parfaitement pur ;

3° Les hachures doivent toujours s'arrêter exactement aux courbes de niveau; car, si elles s'ar-
rêtaient un peu avant, il y aurait des espaces
blancs qui représenteraient comme les marches d'un
escalier qui n'existe pas, et, si elles dépassaient
les courbes, il y aurait des espaces plus teintés
représentant des escarpements qui n'existent pas
non plus ;

4° Les hachures comprises entre deux courbes
ne doivent pas être sur le prolongement exact des
hachures tracées entre les deux courbes précédentes, de façon que l'on puisse aisément reconstituer
les courbes si cela devient nécessaire ;

5° Enfin, les hachures doivent être partout d'une
grosseur uniforme. — Toutefois, cette dernière

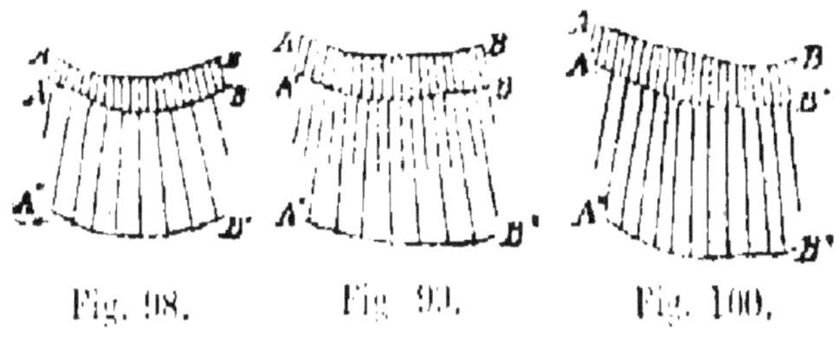

Fig. 98.　　　Fig. 99.　　　Fig. 100.

condition n'est pas absolue. En effet, soient trois
courbes inégalement espacées A B, A' B', A" B"

(fig. 98). Les hachures, très serrées entre les deux premières, s'écartent brusquement entre les deux suivantes. On peut ménager la transition, soit par des hachures intermédiaires plus courtes (fig. 99), soit en accentuant un peu plus les hachures dans le voisinage de la pente rapide (fig. 100). — C'est ce dernier procédé qui a été adopté par le Dépôt de la Guerre : il exige une plus grande habileté que le premier.

*13. *Cas particuliers. Détails d'exécution.* — Les directions des courbes de niveau prises deux à deux peuvent toujours se ramener à l'un des quatre cas suivants :

Fig. 101.

1° Les courbes sont rectilignes et parallèles (fig. 101 : c'est le cas le plus simple : alors les hachures sont rectilignes et parallèles entre elles ;

2° Les courbes sont des arcs de cercles concentriques (fig. 102) : dans ce cas, les hachures sont

Fig. 102.

rectilignes et concourent toutes au centre de courbure ;

3° Les courbes sont rectilignes et non parallèles (fig. 103), c'est-à-dire concourent sensiblement au même point : dans ce cas, les hachures, pour être normales aux deux courbes, devront avoir la forme d'arcs de cercles concentriques et

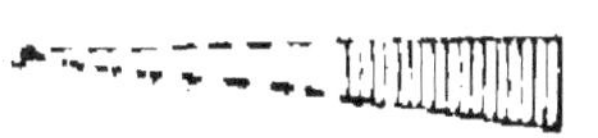

Fig. 103.

leur concavité devra être tournée vers leur centre commun qui est le point de concours des deux courbes.

4° Les courbes sont des lignes sinueuses quelconques (fig. 104) : dans ce cas, les hachures sont,

Fig. 104.

en général, curvilignes, et leur concavité est tournée du côté où les deux courbes semblent devoir se rencontrer. Dès que les courbes s'écartent, la concavité des hachures est tournée en sens inverse. Il est évident que les hachures de courbure différente sont séparées par une hachure rectiligne.

Remarque. — Quand on a à représenter une ligne de faîte ou de thalweg (fig. 105), on opère à la manière ordinaire jusqu'aux hachures extrêmes $a\,b$, $a'\,b'$; on remplit l'angle compris entre elles par des hachures curvilignes dont le convexité est tournée du côté de la ligne de faîte ou de thalweg

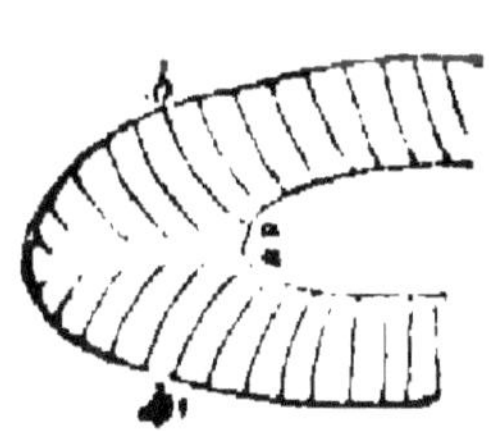

Fig. 105.

et qui vont en s'effilant suivant la direction de cette ligne. On doit éviter de les faire se couper, sans quoi le terrain présenterait l'apparence d'une arête vive.

44. — Hachures employées a l'étranger. — *Hachures Muffling*. — Dans la topographie prussienne, on fait usage du système de hachures imaginé par le général Muffling. — Comme les hachures françaises, les hachures Muffling sont destinées à teinter d'autant plus le papier que la pente est plus forte. Seulement, elles sont conçues de telle façon que leur simple inspection suffit pour qu'on puisse apprécier la pente du terrain. Pour arriver à ce résultat, on a divisé les différentes pentes en 9 catégories, savoir : de $0°$ à $5°$, — de $5°$ à $10°$, — de $10°$ à $15°$, — de $15°$ à $20°$, — de $20°$ à $25°$, — de $25°$ à $30°$, — de $30°$ à $35°$, — de $35°$ à $40°$, — de $40°$ à $45°$. — les trois premières pentes étant considérées comme accessibles à toutes les armes, les trois suivantes aux petits détachements et les trois dernières aux tirailleurs seulement. — La loi qui préside à la confection de ces hachures est la suivante : pour les 9 pentes, le rapport du noir au blanc est exprimé par des fractions dont les numérateurs sont les nombres 1, 2, 3, 4, 5, 6, 7, 8, 9, et les dénominateurs les nombres 9, 8, 7, 6, 5, 4, 3, 2, 1, en sorte que la somme des deux termes de chaque fraction est constante et égale à 10. Ainsi, de $0°$ à $5°$, le rapport du noir au blanc est égal à $\frac{1}{9}$; — de $5°$ à $10°$, le rapport est égal à $\frac{2}{8}$; — $10°$ à $15°$, il est égal à $\frac{3}{7}$, et ainsi de suite. Les hachures sont faites, suivant la pente, en pointillés, en traits fins, en traits gros ou en traits sinueux, comme l'indique le tableau (fig. 106). Enfin, elles sont espacées de

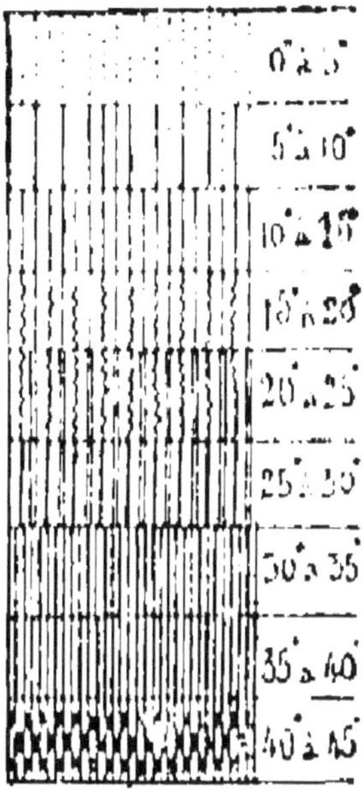

Fig. 106.

Hachures Müffling.

façon qu'il y ait 30 hachures par pouce à l'échelle de $\frac{1}{12,500}$, ou 50 à l'échelle de $\frac{1}{50,000}$ ou enfin 100 à l'échelle de $\frac{1}{100,000}$. le pouce allemand valant $0^m.0314$. — Le principal inconvénient de ce système est de rendre la lecture des signes planimétriques à peu près impossible lorsque les pentes sont un peu raides.

Hachures Lehmann. — Le major Saxon Lehmann est l'inventeur d'un système de hachures rectilignes dont l'épaisseur était calculée de façon que le rapport du noir au blanc fût égal à la fraction $\frac{x}{45-x}$ x étant la pente du terrain exprimée en degrés. Ce système avait, à un plus haut degré que le précédent, l'inconvénient de rendre les cartes trop noires pour peu que la pente fût considérable. En effet, pour une pente de 45°, le rapport devient : $\dfrac{\text{Noir}}{\text{Blanc}} = \dfrac{9}{0}$, c'est-à-dire tout noir et pas de blanc. Aussi Lehmann, renonçant à sa formule primitive, l'a-t-il remplacée par celle-ci : $\dfrac{\alpha}{90 - \alpha}$ qui présente l'inconvénient contraire, c'est-à-dire qui teinte trop peu le papier pour les pentes de quelque importance.

Remarque. — Si l'on compare les cartes topographiques recouvertes de hachures faites par les procédés que nous venons d'énumérer, on trouve que les plus noires sont celles du système primitif de Lehmann ; viennent ensuite celles du système de Muffling, puis les cartes de l'état-major français, enfin celles du nouveau système de Lehmann.

45. — EMPLOI DES COURBES COMBINÉES AVEC DES TEINTES. — Un autre moyen de représenter le relief du terrain est fourni par l'emploi de teintes plus ou moins foncées que l'on substitue aux hachures. Le principal avantage qui en résulte est de rendre la lecture de la planimétrie beaucoup plus facile. Trois procédés sont en usage.

1° *Méthode du colonel Goulier.* — Elle consiste à remplacer les hachures plus ou moins serrées par des teintes plus ou moins foncées qui indiquent de la même manière la pente plus ou moins raide du terrain. Ce procédé a été employé avec succès pour la construction des cartes qui accompagnent l'ouvrage du grand état-major allemand sur la guerre de 1870-71.

2° *Méthode de l'hypsométrie.* — Soit un sys-

tème de courbes de niveau ou courbes hypsométriques (fig. 107), cotées, par exemple, 20, 30, 40,

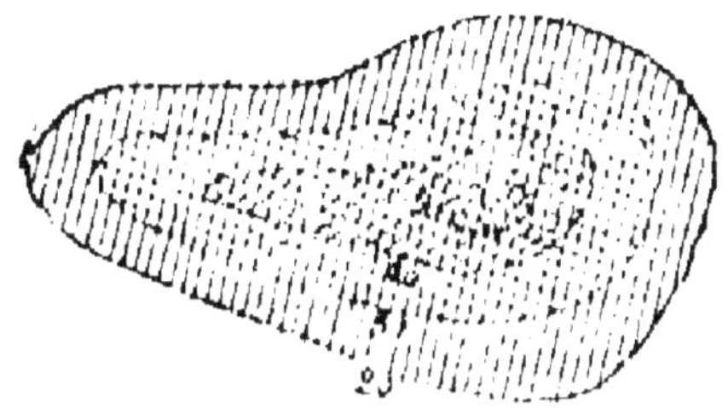

Fig. 107. — Méthode de l'hypsométrie.

50. Dans l'intérieur de la courbe 50, on pose une
première teinte plate ; ensuite, dans l'intérieur de
la courbe 40, on pose une nouvelle teinte recouvrant la première ; puis, dans l'intérieur de la
courbe 30, une troisième teinte recouvrant les
deux premières, et ainsi de suite : on voit que,
plus le terrain est élevé, plus il se trouve teinté.
— Ce procédé est surtout usité en Allemagne
pour les cartes murales : il permet d'apprécier à
première vue le relief ou le commandement des
différents points du terrain.

3° *Méthode des courbes intermédiaires*. — Ce
procédé, qui est dû à un général français, s'appuie sur l'hypothèse de la lumière à 45°. Les
pentes opposées à la lumière sont seules teintées.
— Soit (fig. 108) un système de courbes de niveau
concentriques : entre chaque courbe de niveau,
et seulement du côté de l'ombre, on mène un
nombre égal de courbes intermédiaires qui servent
à exprimer le relief. Cette méthode satisfait à la

condition de teinter plus ou moins le papier suivant que la pente est plus ou moins grande : en effet, lorsque la pente augmente, les courbes de niveau se resserrent, et, comme les courbes intercalaires sont partout en nombre égal, celles-ci se rapprochent aussi, ce qui a pour résultat de renforcer la teinte ; inversement, quand la pente diminue, les courbes de niveau, et, par suite, les courbes intermédiaires s'écartent, ce qui produit un affaiblissement d'intensité de la teinte. — Bien que cette méthode permette d'exprimer assez

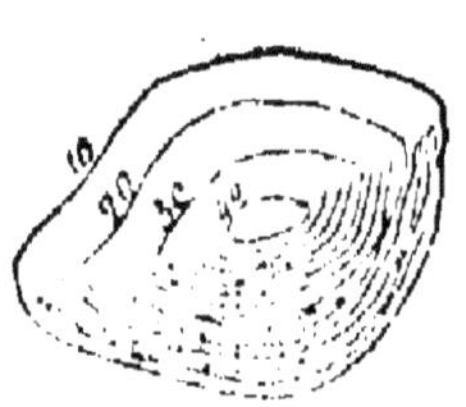

Fig. 108. — Méthode des courbes intermédiaires.

commodément le relief du terrain, elle n'a pas été adoptée, d'abord parce qu'elle rejette l'hypothèse de la lumière zénithale qui est généralement admise en France, ensuite parce qu'elle ne comporte pas une grande précision. Toutefois l'état-major autrichien a cherché à en tirer parti.

46. — PROBLÈME. — *Déterminer la pente d'une route tracée sur la carte.* — Soit (fig. 109) A, B, C, D, E,.... les points où la route rencontre les courbes de niveau, et soit X Y une droite indéfinie parallèle à la direction générale de la route. Menons parallèlement à X Y une série de droites séparées par des distances égales aux équidistances graphiques des diverses courbes de niveau, c'est-à-dire 1/4 de millimètre pour les courbes consécutives et 1/8 de millimètre pour les courbes intermédiaires (sur la figure, on a exagéré ces distances afin de donner plus de netteté au dessin). — Des points A, B, C, D, E,....

abaissons des perpendiculaires sur les parallèles correspondantes, et joignons les points ainsi obtenus par un trait continu : nous aurons en $a\,b\,c\,d\,e\,f$... un profil de la route, c'est-à-dire une coupe longitudinale. La pente entre A et B sera égale à $\frac{bb'}{ab}$; la pente entre B et C sera égale à $\frac{cc'}{bc}$, et ainsi de suite. Or, on a $ab' = $ AB, $bc' = $ BC, etc. ; de

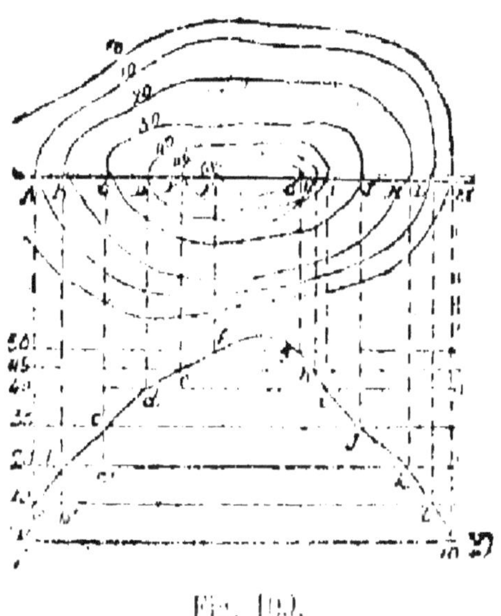

Fig. 102.

plus $bb' = cc' = ... = 1/4$ de millimètre, c'est-à-dire l'équidistance graphique.

Donc, pente de A B $= \dfrac{\left(\frac{1}{4}\right)}{AB} = \dfrac{1}{4AB}$

pente de BC $= \dfrac{\left(\frac{1}{4}\right)}{BC} = \dfrac{1}{4BC}$, etc.

La courbe qui rencontre la route en E étant

une courbe intermédiaire. l'équidistance graphique n'est alors que 1,8 de millimètre, et on a, dans ce cas particulier :

$$\text{Pente de D E} \qquad \frac{1}{8\ \text{D E}}$$

$$\text{Pente de E F} = \frac{1}{8\ \text{E F}}$$

De même, si on venait à supprimer une courbe sur deux, l'équidistance graphique devenant égale à 1/2 millimètre, il faudrait, dans les formules précédentes, remplacer le chiffre 4 ou 8 par le chiffre 2.

De ce qui précède, il résulte que : la pente d'une route, ou en général la pente d'une droite quelconque du terrain, est égale à une fraction ayant pour numérateur l'unité et pour dénominateur le nombre qui exprime la longueur graphique de la route ou de la droite comprise entre deux courbes, multiplié par 2, par 4 ou par 8, suivant que l'équidistance graphique est 1/2 1/4 ou 1,8 de millimètre.

Si la ligne considérée se confond avec la ligne de plus grande pente du terrain, la longueur comprise entre deux courbes est celle d'une hachure et la pente de la ligne est précisément celle du terrain lui-même. — Donc : la pente d'un terrain en un point donné est égale à une fraction ayant pour numérateur l'unité et pour dénominateur le nombre qui exprime la longueur de la hachure passant par le point donné, multiplié par 2, par 4 ou par 8, suivant que l'équidistance graphique est 1/2, 1/4 ou 1/8 de millimètre.

43. — PENTES LIMITES POUR LES DIVERSES

ARMES. — Les pentes limites accessibles aux diverses armes sont les suivantes :

Pour l'infanterie .... $\dfrac{8}{10}$

Pour les mulets (batteries de montagne). $\dfrac{55}{100}$

Pour la cavalerie, à la descente ...... $\dfrac{4}{10}$

—   à la montée....... $\dfrac{1}{3}$

Pour les voitures enrayées, à la descente. $\dfrac{1}{7}$

—   non enrayées....... $\dfrac{1}{15}$

*48. — EXÉCUTION D'UN RELIEF. — Quelquefois, au lieu de représenter une carte sur une feuille de papier, on figure le terrain avec ses pentes et ses ondulations, soit en plâtre, soit en carton. La carte ainsi obtenue prend le nom de *carte en relief* ou *plan-relief*. — Pour construire une carte en relief, on pourra opérer de la manière suivante : la carte du terrain étant donnée (fig. 110) par ses courbes de niveau, on se procurera une planchette

Fig. 110.

de grandeur convenable pour former le fond de

la carte, et quelques feuilles de carton ayant 1/4 de millimètre d'épaisseur, c'est-à-dire une épaisseur égale à l'équidistance graphique. Ce carton est désigné dans le commerce sous le nom de *carton n° 10*. On découpera dans le carton un morceau ayant exactement la forme de la première courbe 10, et on le fixera sur la planchette avec de la colle forte et quelques petits clous à tête plate. Quand la colle sera sèche, on tracera sur ce premier morceau la position des courbes 20, puis on découpera deux nouveaux morceaux bien conformes à ces courbes, et on les fixera de la même manière. En continuant ainsi jusqu'à la dernière courbe, on aura construit une espèce d'escalier appelé *relief à gradins* (fig. 111), sorte de rudiment du relief définitif qui se prête admi-

Fig. 111. — Relief à gradins.

rablement à l'évaluation des cotes et des différences des niveaux. Pour achever le travail et obtenir un relief à surface continue, il reste à remplir les intervalles avec une matière plastique, telle que du mastic ou de la cire, et à peindre le relief suivant les couleurs conventionnelles adoptées.

Lorsque le pays à représenter est peu accidenté, il est quelquefois bon de doubler ou même de quadrupler les altitudes pour rendre les mouvements du terrain plus apparents : dans ce cas, le relief est dit *surhaussé*.

49. — DÉFINITION ET MODE DE REPRÉSENTATION GRAPHIQUE DES MOUVEMENTS DU SOL. — On donne le nom de *mont* ou *montagne* à toute élévation considérable de terre au-dessus du sol avoisinant. — Sur les cartes, on représente les pentes des montagnes au moyen de courbes de niveau ou de hachures plus ou moins serrées suivant que l'inclinaison du terrain est plus ou moins considérable.

La partie la plus élevée d'une montagne s'appelle le *sommet* ou la *cime*; — la partie inférieure est la *base* ou le *pied* de la montagne; — les pentes comprises entre le sommet et la base s'appellent les *flancs*.

Lorsque le sommet se présente sous forme de terrain plan, on le nomme *plateau* fig. 112 : —

Fig. 112. — Plateau.

s'il se termine en pointe, il prend le nom de *pic*

Fig. 113. — Pic.

ou *piton* (fig. 113); — si cette pointe est très
effilée on l'appelle *aiguille* (fig. 114); — si le

Fig. 114. — Aiguille.

sommet est arrondi en forme de globe on le
nomme *dôme* ou *ballon* (fig. 115). — Une *dent* est

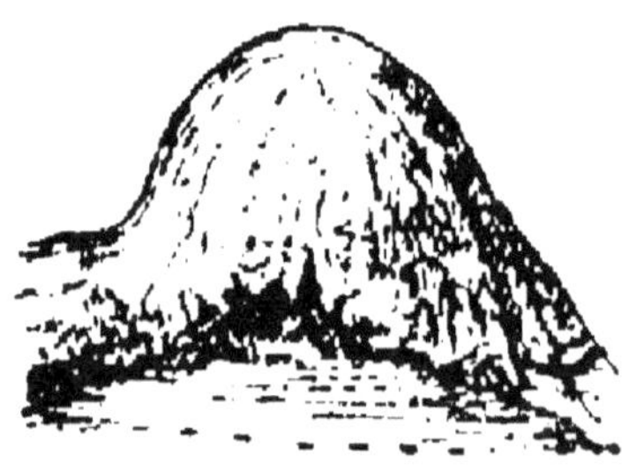

Fig. 115. — Ballon.

une sorte de pic dont la pointe est remplacée par
une surface inclinée (fig. 116); — un *puy* est un

Fig. 116. — Dent.

plateau creusé en son milieu et dont le contour présente un bourrelet (fig. 117).

Fig. 117. — Puy.

Lorsque plusieurs montagnes sont disposées à la suite les unes des autres, elles forment une *chaîne de montagnes*. — Le point où plusieurs chaînes de montagnes se rencontrent porte le nom de *nœud*. — Si, au lieu d'être à la suite les unes des autres, les montagnes affectent une disposition irrégulière, elles constituent un *massif*. — Les petites chaînes de montagne qui se détachent des deux côtés d'une chaîne principale en sont les *chaînons* ou *contreforts*.

Les deux pentes opposées d'une chaîne de montagne s'appellent les *versants*. — Quand la pente d'un versant, au lieu d'être uniforme, se présente sous forme d'escarpements plus ou moins accentués, séparés par des parties moins inclinées, on dit que ce versant est à *gradins*, et chaque escarpement porte le nom de *ressaut*. — Le *revers* d'une chaîne de montagnes est le versant qui est situé de l'autre côté par rapport à l'observateur.

L'ensemble des chaînes de montagnes et de leurs contreforts qui sillonnent un pays représente, en quelque sorte, le squelette de ce pays.

Quand le terrain présente une petite convexité peu élevée, mais d'une certaine longueur, cette convexité prend le nom de *pli de terrain* ou *ondulation*; — quand elle est peu accentuée, mais suffisante cependant pour masquer des troupes, on l'appelle *rideau*. — On donne le nom de *colline* ou *monticule* à une montagne de petite dimension. — Lorsque le sommet en est arrondi on l'appelle encore *mamelon*. — Un *tertre* ou une *butte* sont des élévations de terrain peu considérables.

La ligne qui passe par les points les plus élevés d'une chaîne de montagnes en est la *crête* ou *arête*; on l'appelle encore *ligne de faîte* ou *ligne de partage*.

Lorsque deux chaînes de montagnes assez rapprochées suivent à peu près la même direction, elles laissent entre elles un espace creux ou excavation que l'on nomme *vallée*. Les pentes des vallées sont exprimées par des courbes de niveau ou des hachures plus ou moins serrées suivant l'inclinaison du terrain. Le fond des vallées est généralement fertile à cause des terres meubles qui y ont été entraînées par les pluies; il est souvent occupé par un cours d'eau.

Quand une vallée est peu profonde et peu étendue, on lui donne le nom de *val* ou *vallon*. — Une *gorge* ou *étranglement* est une vallée resserrée brusquement entre deux montagnes. — Un *ravin* est une vallée pierreuse, étroite et profonde à pente rapide, située entre deux montagnes escarpées. — Dans quelques contrées, par exemple en Bourgogne, on désigne sous le nom de *combe* une sorte de vallon creusé sur le flanc d'un coteau,

— Un cirque est une vallée circulaire comprise entre plusieurs montagnes.

L'ensemble des vallées arrosées par un fleuve et ses divers affluents constitue ce que l'on appelle le *bassin* du fleuve. — Le bassin d'un fleuve est limité d'un côté par la mer, et de l'autre par une série de chaînes de montagnes ou de collines d'où descendent le fleuve lui-même et ses affluents, et qui forment la *ceinture du bassin*.

50. — ÉTUDE THÉORIQUE DES MOUVEMENTS ÉLÉMENTAIRES DU TERRAIN. — Pour faciliter cette étude, nous assimilerons, dans tout ce qui va suivre, les pentes du terrain à des plans inclinés se coupant suivant des angles dièdres, et nous négligerons les petites ondulations qui contribuent à donner au sol la physionomie que nous lui connaissons.

Quand le dièdre formé par les intersections des deux plans inclinés est convexe, la convexité du terrain prend le nom de *croupe*; — quand le dièdre est concave, la concavité prend le nom de *vallée*.

Soient deux dièdres, l'un A B C D convexe (fig.

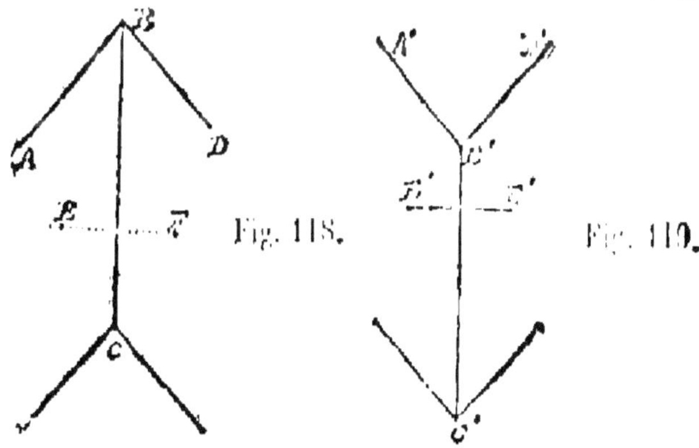

118), l'autre A' B' C' D' concave (fig. 119). Menons les droites E F, E' F' joignant deux à deux des points quelconques E, F, E', F' pris sur chacune des faces des deux dièdres. Il est évident que le premier dièdre étant convexe, la ligne E F sera cachée par les deux faces, tandis que, le deuxième dièdre étant concave, la ligne E' F' sera entièrement visible. — Nous pourrions faire la même observation pour toute droite joignant deux points pris sur l'une et sur l'autre face de chacun des dièdres. Nous pouvons donc poser en principe que : si une droite joignant deux points quelconques pris sur chacune des faces d'un dièdre est visible, le dièdre est concave ; si, au contraire, elle est cachée, le dièdre est convexe.

Ainsi, soit A B C D fig. 120 la projection d'un dièdre. Prenons dans chacune des faces deux points quelconques E. F, situés sur une même courbe de niveau, 20. par exemple. Joignons E F. Cette ligne appartient tout entière au plan de la courbe 20. et le point I où elle rencontre B C, a lui-même pour cote 20 mètres. Mais, le point I étant situé entre les courbes 30 et 40 est aussi la projection d'un point du terrain dont la cote est comprise entre 30 et 40. Il s'ensuit que la droite

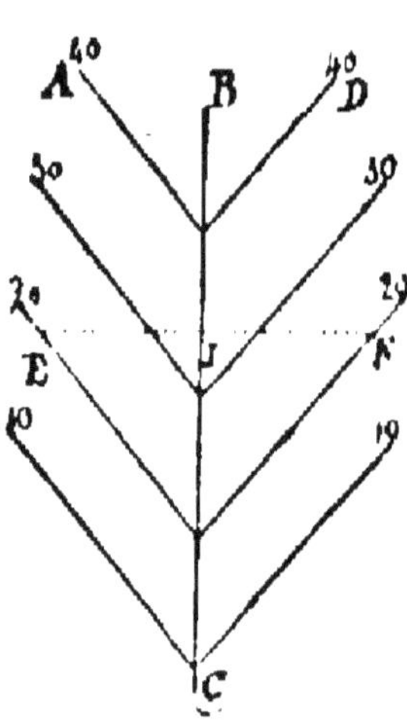

Fig. 120.

E F est située sous le sol et reste par conséquent invisible. Donc, le dièdre est concave et nous sommes en présence d'une croupe.

Soit encore A' B' C' D' (fig. 121) la projection d'un dièdre. Prenons également sur les deux faces

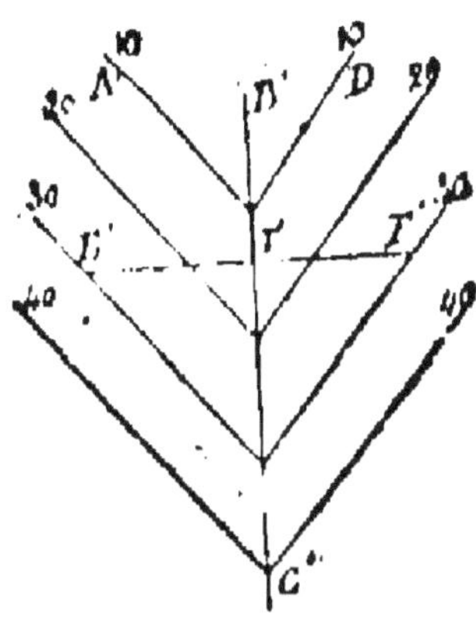

Fig. 121.

et sur une même courbe de niveau, 30, par exemple, deux points E', F', et menons E' F', qui rencontre B' C' au point I'. Ce point appartenant au plan de la courbe 30 a aussi pour cote 30. Mais I' étant situé entre les courbes 10 et 20 est aussi la projection d'un point du terrain dont la cote est comprise entre 10 et 20. Il suit de là que la droite E' F' est située au-dessus du sol et entièrement visible. Donc, le dièdre A' B' C' D' est concave et représente une vallée.

On voit par ces deux exemples que les croupes et les vallées, c'est-à-dire les reliefs et les excavations, sont représentés par des courbes identiques, mais numérotées dans l'ordre inverse. En général, lorsque la carte représente une croupe, c'est la courbe enveloppante qui a la cote la plus basse, tandis que quand elle représente une vallée, c'est la courbe enveloppante qui a la cote la plus élevée.

L'arête du dièdre convexe prend le nom de *ligne de faîte* ou *ligne de partage des eaux*, à cause de sa propriété de séparer les eaux en les forçant à s'écouler à droite ou à gauche. — Les faces latérales se nomment les *versants* (fig. 122). — L'arête du dièdre concave s'appelle *ligne de thalweg*; elle

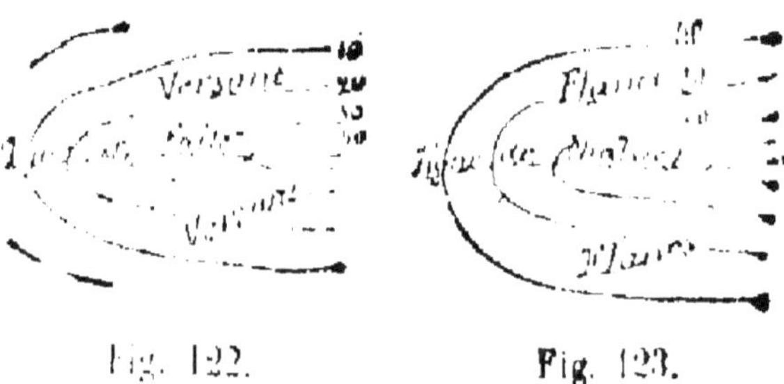

Fig. 122.   Fig. 123.

jouit de la propriété inverse: au lieu de partager les eaux, elle les recueille. — Les faces latérales prennent, dans ce cas, le nom de *flancs* (fig. 123).

Dans la nature, les dièdres sont émoussés et ne présentent pas des arêtes vives, en sorte que les lignes de faîte ou de thalweg ne sont ni rectilignes ni indiquées d'une façon absolument rigoureuse. Nous verrons plus loin le moyen pratique de les déterminer.

Quand deux croupes sont accolées, elles consti-

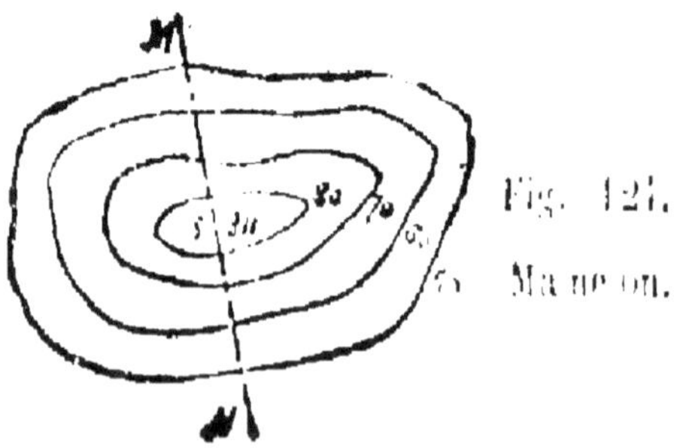

Fig. 124.

Mamelon.

tuent une *mamelon* (fig. 124). En effet, si par

le sommet S du mamelon, coté 84, nous faisons
passer un plan vertical MN, nous aurons, de part
et d'autre de ce plan, deux mouvements de terrain en tout point conformes à la définition que
nous avons donnée de la croupe.

La succession plus ou moins irrégulière des
croupes et des vallées constitue les *mouvements
du terrain*. — Les flancs d'une vallée ne sont
ordinairement pas regu-
liers : ils présentent des
renflements et des dé-
pressions, c'est à dire des
croupes et des vallées
latérales généralement
combinées de telle sorte
qu'à une croupe C issue
de l'un des flancs correspond une vallée V creusée
dans l'autre flanc (fig. 125).

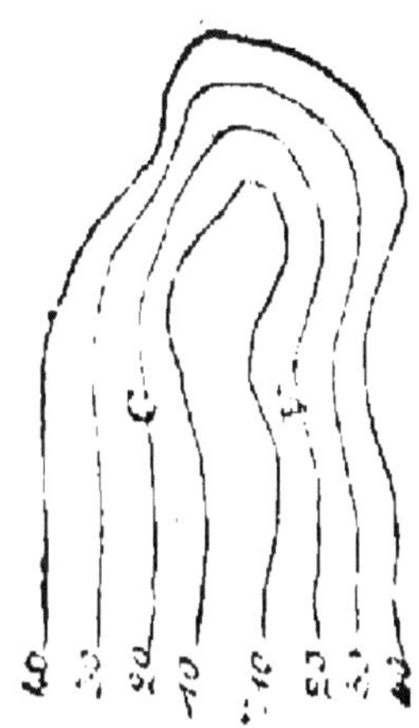

Fig. 124.

51. — DÉTERMINATION ET PROPRIÉTÉS DES
LIGNES DE FAITE ET DE THALWEG. — Soit (fig.
125) un système de courbes cotées 10, 20, 30, 40
et représentant une croupe. — Si nous traçons
les hachures entre les courbes 30 et 40 en com-
mençant par la droite, il viendra un moment où
celles-ci, changeant brusquement de direction,
les hachures *ab* se courberont de plus en plus,
en tournant leur convexité vers la gauche ; puis,
ainsi que nous avons déjà eu l'occasion de le faire
remarquer, elles seront suivies d'une hachure *mn*
rectiligne qui les séparera d'une nouvelle série
de hachures *cd* courbées en sens inverse. — La

hachure rectiligne *m n*, qui est plus longue que toutes les autres, et qui forme, en quelque sorte,

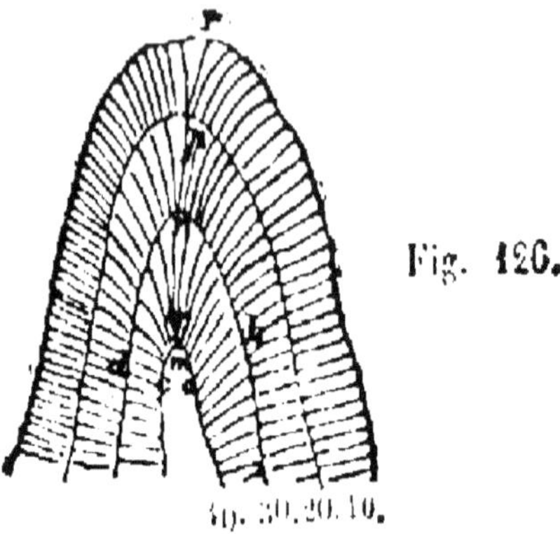

Fig. 126.

la limite des directions des hachures voisines, fait partie de la projection de la ligne de faîte. En déterminant de la même façon la hachure rectiligne *n p*, située entre les courbes 20 et 30, et ainsi de suite, nous obtiendrons en *m r* la projection de la ligne de faîte de la croupe.

On construirait par un procédé identique la projection de la ligne de thalweg d'une vallée.

Si nous considérons de nouveau l'angle dièdre

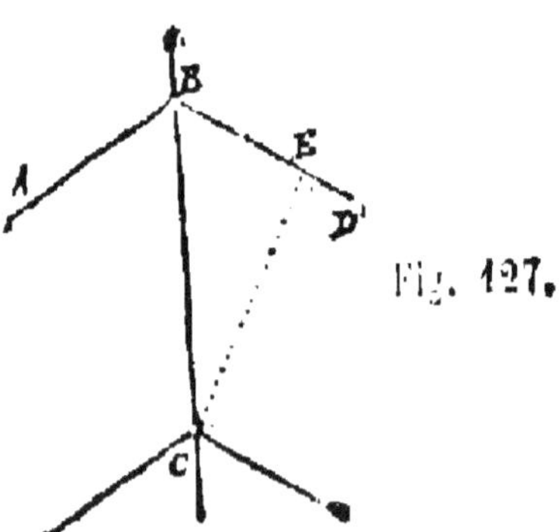

Fig. 127.

A D C D (fig. 127), comme le type de la croupe,

il sera facile de voir que, entre deux courbes de niveau quelconques 10 et 20, la ligne de faîte B C est plus longue que toute autre ligne de plus grande pente C E. Donc : la ligne de faîte est, de toutes les lignes de plus grande pente d'une croupe, celle dont la pente est minima et, par suite, dont la longueur est maxima.

Cela posé, soit fig. 128 une croupe représentée par ses courbes de niveau, et soit S le sommet,

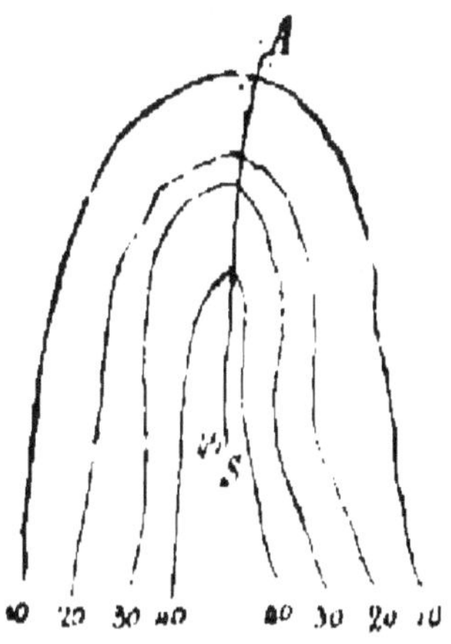

Fig. 128.

S A la ligne de faîte. — Supposons un observateur placé au point A, intersection de la ligne de faîte et de la courbe 10. Si cet observateur veut s'élever jusqu'au sommet, le plus court chemin sera la ligne dont la pente est la plus raide, c'est-à-dire celle qui s'élève le plus rapidement. Or la seule ligne de plus grande pente partant du point A est la ligne de faîte A S. Donc cette ligne est le plus court chemin cherché.

Supposons maintenant que l'observateur soit placé au sommet S, c'est-à-dire à l'extrémité supérieure de la ligne de faîte. Si cet observateur veut descendre jusqu'à la courbe 10, le plus court chemin sera la ligne dont la pente est la plus raide, c'est-à-dire celle qui s'abaisse le plus rapidement. Cette ligne sera donc la ligne de plus grande pente partant du point S dont la pente est maxima. Ce ne sera donc pas la ligne de faîte, puisque celle-ci est la ligne de plus grande pente, dont la pente est minima. — Ainsi : pour aller de l'extrémité inférieure de la ligne de faîte au sommet d'une croupe, le chemin le plus court est la ligne de faîte elle-même ; — pour aller de l'extrémité supérieure de la ligne de faîte, c'est-à-dire du sommet d'une croupe au pied de cette croupe, le chemin le plus long est la ligne de faîte. C'est sur cette double propriété des lignes de faîte que repose leur détermination sur le terrain.

Pour reconnaître une ligne de thalweg, on s'appuie sur la double propriété suivante des lignes de thalweg, qui est la contre-partie de la précédente, savoir : pour aller de l'extrémité supérieure de la ligne de thalweg au fond de la vallée, le chemin le plus court est la ligne de thalweg elle-même ; — pour aller de l'extrémité inférieure de la ligne de thalweg, c'est-à-dire du fond de la vallée au sommet de cette vallée, le chemin le plus long est encore la ligne de thalweg.

52. — Cor. — Considérons une portion de chaîne de montagnes SCS' (fig. 129), et soient A, B deux points situés l'un sur le versant antérieur et l'autre sur le versant postérieur de cette chaîne de montagnes. Il est évident que, si l'on veut aller du point A au point B par la route le plus facile, le chemin qu'on devra choisir de préférence

à tout autre est le chemin A C B qui franchit la
chaîne de montagnes en son point le moins élevé,

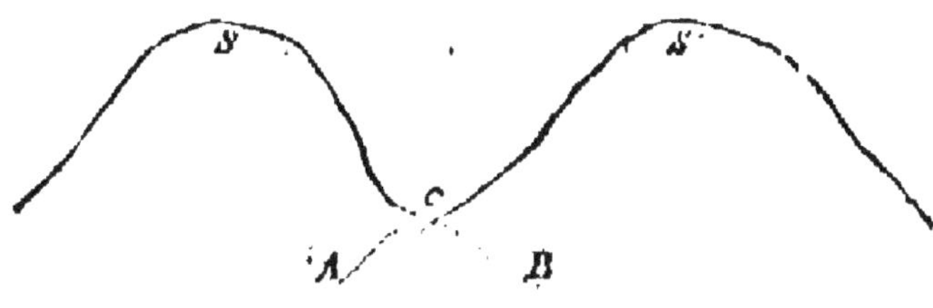

Fig. 129.

et dont, par conséquent, la pente est la plus
douce. Ce passage entre deux montagnes prend
le nom de *col* ou de *défilé*. Le point C le plus
élevé du col, ou la route A C B rencontre la
ligne de faîte est le sommet du col : c'est le
point le moins élevé de la ligne de faîte ; il fait
partie à la fois de l'une et de l'autre montagne et
se trouve, par conséquent, à l'intersection des
deux croupes.

Cela posé, soient (fig. 130) deux croupes S, S'
qui se coupent, représentées en projection horizontale par leurs courbes de niveau. Un observateur
placé sur le mamelon S pourrait sans difficulté
faire le tour de la montagne en suivant les courbes
70, 60, 50, 40. Mais, en suivant la courbe 30, il
se trouverait subitement arrêté au point C par
les pentes de la croupe S', et, pour continuer sa
marche sur la même courbe 30 de la croupe S, il
serait forcé de passer sous terre à l'intérieur
de la croupe S', suivant la direction pointillée,
jusqu'au point C' où la courbe 30 redevient visible.
De même pour les courbes 20 et 10 qui pénètre-
raient sous la croupe S' aux points B et A, pour

en ressortir aux points B' et A'. — Si maintenant
le même observateur se transportait sur la croupe
S', il parcourrait sans difficulté les courbes 70, 60,

Fig. 130.

50, 40; mais, sur les courbes 30, 20, 10, il se
trouverait, comme tout à l'heure, arrêté par les
pentes de la croupe S, qui viennent couper ces trois
courbes aux mêmes points C, C', B, B' A, A'. —
Le trait continu A B C C' B' A', qui joint les différents points d'intersection des courbes est l'intersection des deux croupes. Cette intersection
rencontre les courbes 10, 20, 30, mais n'atteint
pas les courbes 40; par conséquent, le sommet
du col a une cote comprise entre 30 et 40.

Sur la figure précédente, les courbes 10, 20,
30 des deux croupes semblent se raccorder suivant une arête vive. Dans la nature, il n'en est
pas ainsi : cette arête est émoussée par suite de
l'action des eaux pluviales qui entraînent les terrains meubles, et elle se présente sous l'appa-

rence d'un angle concave arrondi, en sorte qu'il se forme dos à dos deux vallées ayant des lignes

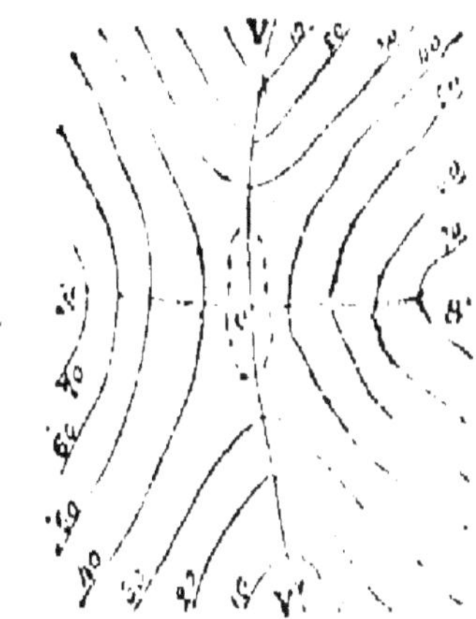

Fig. 131. — Plateau du col.

de thalweg C V', C V (fig. 131), perpendiculaires aux lignes de faîte C S, C S'.

Or, si l'on coupait le terrain par un plan vertical S C S', on obtiendrait une courbe concave dont C serait le point le plus bas ; si, au contraire, on le coupait suivant V C V', on obtiendrait une courbe convexe dont C serait le sommet. — On peut donc dire que le sommet d'un col est le point le plus bas de l'intersection de deux croupes et le point le plus élevé de l'intersection de deux vallées.

En topographie, on a l'habitude de considérer comme horizontal tout terrain dont la pente est inférieure à $\frac{1}{67}$. Or, dans la partie du col qui avoisine le sommet C, la pente étant très faible, on a une certaine étendue de terrain sensiblement horizontal à laquelle on donne le nom de *plateau du col*, et qui est limitée par une courbe de forme elliptique. L'intérieur de cette courbe ne doit pas contenir de hachures, puisqu'on admet que la pente y est nulle.

53. — REPRÉSENTATION, AU MOYEN DE COURBES ET AU MOYEN DE HACHURES, D'UN MAMELON, D'UNE CROUPE, D'UNE VALLÉE, D'UN COL. — Un excel-

Fig. 132. — Mamelon.

Fig. 133. — Mamelon.

lent exercice consiste à s'habituer à retrouver sur

des cartes topographiques construites à diverses
échelles, en courbes de niveau ou en hachures, les

Fig. 134. — Croupe.

Fig. 135. — Croupe

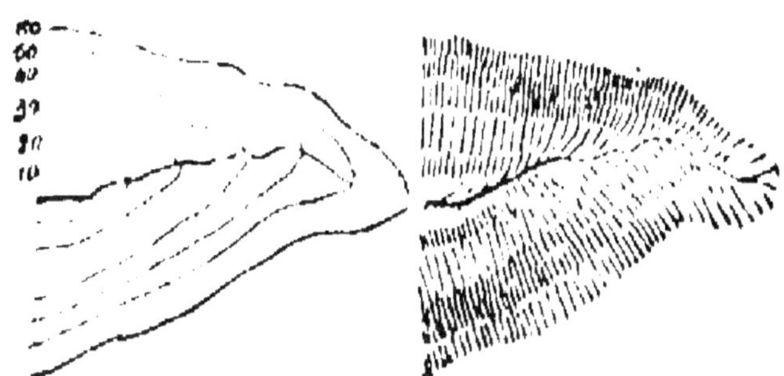

Fig. 136. — Vallée.

Fig. 137. — Vallée.

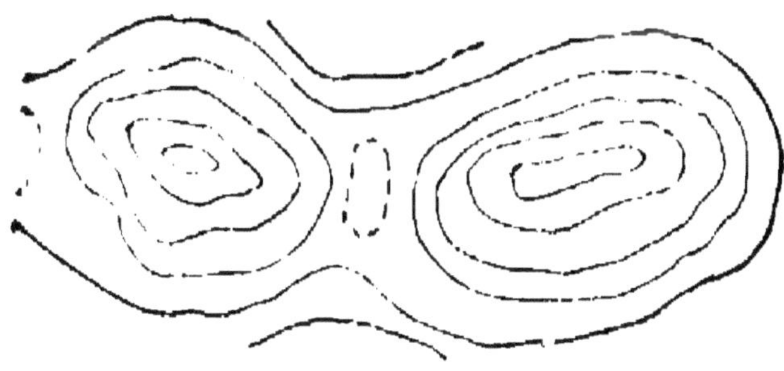

Fig. 138. — Col.

principaux mouvements de terrain que nous venons d'énumérer, tels que mamelon (fig. 132 et

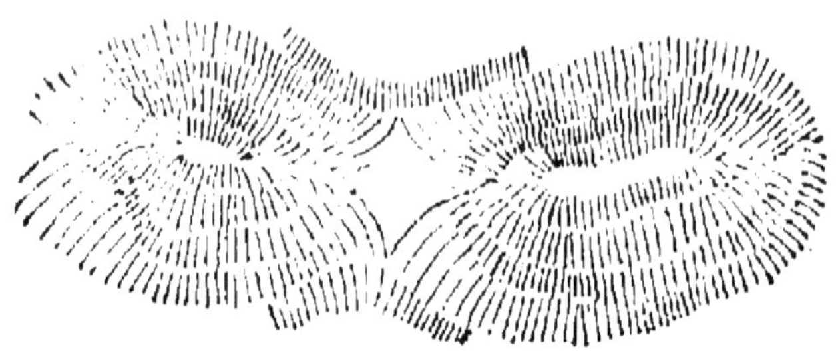

Fig. 139. — Col.

133), croupe (fig. 134 et 135), vallée (fig. 136 et 137), col (fig. 138 et 139).

54. — TRACÉ D'UN PROFIL. — Lorsqu'on coupe un mouvement de terrain par un plan vertical,

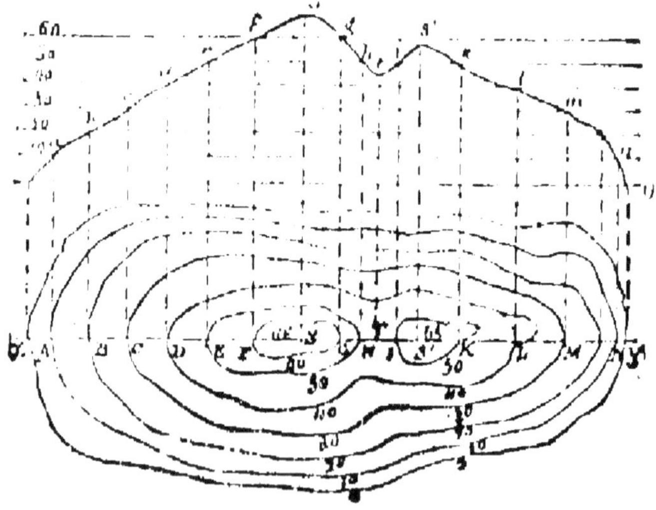

Fig. 140. — Profil.

l'intersection obtenue prend le nom de *profil*. — Soit fig. 110 un mouvement de terrain dont on veut construire le profil, et soit *x y* la trace du plan vertical de profil sur le plan de comparaison.

Nous savons que les courbes de niveau 10, 20, 30, 40..... sont étagées régulièrement de 10 en 10 mètres au-dessus du plan de comparaison. Menons donc une droite *a a* parallèle à *x y*, et au-dessus de cette droite *a a*, menons des parallèles équidistantes à des intervalles de 10 mètres à l'échelle de la carte. Ces parallèles représentent les intersections du plan de profil avec les plans horizontaux des courbes de niveau. Par les points A, B, C, D..... où la droite *x y* rencontre les différentes courbes, élevons des perpendiculaires A *a*, B *b*, C *c*, D *d*, etc., et déterminons leurs intersections *a*, *b*, *c*, *d*.... avec les parallèles correspondant aux courbes d'où elles sont issues. Réunissant les points *a*, *b*, *c*, *d*,.... par un trait continu, nous aurons un profil du terrain suivant *x y*. Les sommets S, S' des deux mamelons, cotés 56 et 43, se trouvent représentés en *s* et *s'* un peu au-dessus des parallèles 50 et 40. Le point T du col compris entre les deux mamelons, qui est coté 26, sera figuré un peu au-dessous de la parallèle 30.

Quelquefois, pour faire mieux ressortir les mouvements du terrain, on espace les parallèles 10, 20, 30,.... beaucoup plus que ne le comporte l'échelle de la carte; dans ce cas, le profil est dit *surhaussé*. — Lorsque, au contraire, on rapproche les parallèles, ce qui est fort rare, le profil est dit *surbaissé*.

Les sommets et les points intérieurs de la courbe obtenue constituent ses points remarquables. La tangente à la courbe en ces points est horizontale. — Cette remarque permet de construire rapidement un profil. En effet, on détermine la position des points les plus élevés et les plus bas de la courbe, et quelques points intermédiaires ; puis, on réunit ces différents points par une courbe continue que l'on fait tangente aux horizontales menées par les sommets et les points inférieurs.

LA FRANCE MILITAIRE

JOURNAL DE L'ARMÉE ACTIVE

DE L'ARMÉE TERRITORIALE ET DE L'ARMÉE DE MER

Paraissant le Jeudi et le Dimanche

RÉDACTION ET ADMINISTRATION:

PARIS, place Saint-André-des-Arts, 11.

Propriétaire-Gérant : HENRI CHARLES-LAVAUZELLE.

Les abonnements partent du 1er jour de chaque mois et coûtent:

	3 mois.	6 mois.	1 an.
France, Corse, Algérie....	3 »	5 50	10 »
Étranger.................	4 »	7 »	13 »

Le N° **10** c., en vente dans les gares des villes de garnison.

On s'abonne sans frais à tous les bureaux de poste.

La Rédaction de la *France Militaire*, composée d'écrivains spécialistes, servant ou ayant servi dans toutes les armes, est à même de traiter *ex professo* toutes les questions militaires.

Grâce aux intelligences qu'elle s'est ménagée dans le Parlement et dans le Sénat, elle reçoit tous les renseignements relatifs à la marche des travaux des Commissions et même des Comités techniques.

Elle ne manque donc pas d'éléments d'informations pour remplir sa tâche à la satisfaction générale.

En outre, elle publie à sa partie officielle, bien avant le *Journal Militaire*, non-seulement les nominations et promotions, mais encore toutes les circulaires, décrets et lettres ministérielles dont la connaissance est toujours utile et souvent indispensable à MM. les Officiers.

Il est répondu, à l'article Petite Correspondance, à toute demande de renseignements *signée et accompagnée d'une bande du Journal*.

Les manuscrits communiqués ne sont pas rendus. *Ils sont détruits.*

Les réclames et annonces sont reçues, 11, place Saint-André-des-Arts, Paris,

Les avis des conseils d'administration, permutations, offres et demandes coûtent **2** fr. l'insertion.

MINISTÈRE DE LA GUERRE

SERVICE

GÉOGRAPHIQUE DE L'ARMÉE

(DÉPOT DE LA GUERRE)

, M. le ministre de la Guerre a, par décision du 29 juin 1882, nommé M. Henri CHARLES-LAVAUZELLE, libraire-éditeur militaire à Paris, 11, place Saint-André-des-Arts, et à Limoges, rue Manigne, 18, agent direct, chargé de la vente des produits de la Guerre (*Service géographique*); MM. les officiers et militaires de tous grades pourront donc se procurer dans cette maison toutes les cartes d'état-major qui leur seront nécessaires.

Adresser les demandes à M. HENRI CHARLES-LAVAUZELLE, libraire-éditeur militaire à Paris, 11, place Saint-André-des-Arts.

REVUE MENSUELLE

DU

BIBLIOPHILE MILITAIRE

TIRAGE : 20,000 EXEMPLAIRES

Propriétaire-Gérant :
HENRI CHARLES-LAVAUZELLE

Secrétaire de Rédaction :
M. EMILE DE QUEYRIES

Régisseur des Annonces : **M. CANDELIER**

11, place Saint-André-des-Arts, PARIS

Il est fait un compte-rendu de tous les ouvrages dont deux exemplaires sont adressés *franco* à notre Comité d'Étude et de Rédaction.

La maison Henri CHARLES-LAVAUZELLE se charge d'imprimer aux meilleures conditions tous les ouvrages traitant des questions militaires, auxquels elle assure la publicité de ses journaux et revues : La *France Militaire*, le *Moniteur de la Gendarmerie* et la *Revue du Bibliophile Militaire*.

Les manuscrits écrits lisiblement, et au *recto seulement*, devront être adressés à l'Éditeur comme papiers d'affaires recommandés.

LE
MONITEUR DE LA GENDARMERIE
JOURNAL NON POLITIQUE

Créé spécialement pour la défense des intérêts
de l'arme.

PARAISSANT LE DIMANCHE

PARIS, place Saint-André-des-Arts, 11.
Henri CHARLES-LAVAUZELLE, Propriétaire-Gérant.

Les abonnements sont pris pour un an et commencent le premier jour de chaque trimestre; ils
coûtent :

France, Corse et Algérie........ 6 fr. 50
Colonies et Étranger........... 8 fr.

On s'abonne sans frais à tous les Bureaux de poste.

Les innombrables lettres de félicitations que je
reçois de toutes parts me donnent l'assurance que
cette feuille est devenue indispensable aujourd'hui
dans la Gendarmerie.

La rédaction continuera à combattre les abus intérieurs, à soutenir les intérêts de l'arme et à main-
tenir dans les brigades ce bel esprit de discipline et
de dévouement qui a toujours fait l'honneur de la
Gendarmerie française.

Les résultats acquis me donnent l'espoir que nous
arriverons tous ensemble, en nous groupant, à obtenir du pays ce que le temps et la négligence ont fait
perdre à un corps qui devrait être le premier et qui
est au contraire le dernier servi dans l'armée.

Il est important que les abonnements collectifs
soient au nom des brigades, afin d'éviter des chan-
gements d'adresse.

Il est répondu sommairement, à la petite Correspondance, à toutes les demandes de renseignements
signées et accompagnées d'une bande du Journal.
Les communications et manuscrits sont détruits.